나는
아침독서하는
선생님
입니다

일러두기
'선생님도 아이들도 모두 매일 아침마다 좋아하는 책을, 독후감 쓰지 않고, 그냥 읽기만 해요'
라는 뜻의 '아침독서하다'와 아침독서 문화를 널리 전하는 '아침독서운동'은 붙여 썼습니다.

나는
아침독서하는
선생님입니다

이세나 지음

행복한
아침독서

책과 아이들, 그리고 **나**

"원래 책 읽는 것을 좋아했어요."

언제부터 책읽기를 좋아했느냐는 질문을 받으면 '원래'라는 단어가 자연스럽게 나옵니다. '사물이 내려온 그 처음'을 두고 하는 그 말에서, 책에 관한 '처음'을 떠올려보곤 합니다. 거기에는 아주 어린 내가 있고, 엄마가 마루에 앉아서 책을 판매하러 온 아저씨가 가져온 책자를 넘기는 모습이 나옵니다. 집에는 그렇게 우리 집으로 온 어린이문학전집이나 세계명작동화, 위인전, 대백과사전과 같은 책들이 많았습니다. 가까이에 책이 있었고, 학원에 다니지 않았기 때문에 책을 보면서 많은 시간을 보낼 수 있었습니다. 그 시간이 참 좋았습니다. 더 좋았던 것은, 아무도 책을 읽으라고 강요하거나, 억지로 독후감을 쓰게 하지 않았다는 점입니다.

'예쁜 꽃을 좋아하던 나는 마침내 작은 꽃집 주인이 되었다'는 박노해의 시구처럼, 책을 좋아하던 저는 책 읽는 교사가 되었습니다. 그리고 제가 책을 좋아하기 시작했던 그 '처음'을 아이들에게 주고 싶었습니다. 그때 만난 아침독서는 '책읽기의 즐거움'이라는 독서교육의 본질에 가장 가까웠습니다. 무엇보다 경쟁하거나 강요받지 않고도 그저 책 읽는 그 시간이 좋았던 어린 시절의 기억과도 닮아 있어 마음이 끌렸습니다. '모두 읽어요, 날마다 읽어요, 좋아하는 책을 읽어요, 그냥 읽기만 해요'라는 네 가지 약속이 담긴 아침독서는 소박하지만 맛있는 밥상 같아서 아이들과 꾸준히 함께할 수 있었습니다.

제가 삶 속에서 가장 오래 해온 일이 책읽기이고, 교사가 되어서 정성을 다해 반복한 일이 아이들과 책읽기니 그에 대해서 말하고 싶었습니다. 이 책에는 다양한 독서교육 방식이나 지침 대신 함께 책을 읽으며 행복한 교사와 아이들의 이야기가 담겨 있습니다. 그리고 책들이 내놓은 아름다운 것들이 저와 아이들 마음에 닿았던 순간들을 소중히 담았습니다.

글을 쓸 수 있었던 것은 좋은 책과 같은 사람들이 제 곁에 있었기 때문입니다. 어느 교실에서 행복하게 있을 지혜, 뜨거운 열정을 품고 사는 석규, 따뜻하고 든든한 종우, 아주 오래전부터 할 수 있다 말해준 영은이. 책을 읽고 반짝이는 세상을 선물해 준 아이들과 격려와 응원을 보내주신 동료 선생님들께 감사한 마음을 전합니다. 평범한 교사의 이야기에 귀 기울여 주신 ㈜행복한아침독서 한상수 이사장님과 편집부 덕분에 용기를 낼 수 있었습니다. '원래 책을 좋아하는 사람'으로 키워주신 아버지와 어머니의 사랑 앞에 이 책을 드립니다.

아이들과 함께 책을 읽다보면 나눌 이야기가 많습니다.

어느 독자분과 이 책 사이에 또 다른 이야기가 만들어진다면 참 행복할 것 같습니다.

이세나

contents

나는 책 읽는 교사입니다

책 읽는 행복을 찾아주는 아침독서 4원칙

책으로 아이들과 함께 살아가기

아침독서 10년,
책이 내놓은
아름다운 것들

다른 사람을 이해하는 것,
자신을 돌아보는 것,
슬픔을 위로받는 것,
새롭게 보고 다르게 생각하는 것,
넘어져도 다시 일어서는 것.
어른이 된 뒤에도 내 안의 좋은 것들이
책에 얼마나 많이 빚지고 있는지 발견할 때마다,
지금 내가 이 자리에 있는 건
그때 읽은 책의 힘 덕분이라고 믿고 싶다.

어린 시절의 독서는 그렇게 영원히 살아남아 있다.

나는 책 읽는 교사입니다

아침독서 활동과 함께한 시간이 어느덧 10년이 되었습니다. 2005년, 1학년 아이들과 함께한 그림책읽기 활동이 아침독서의 시작이었습니다. 화분이나 강아지, 금붕어 등 뭔가를 기르며 정성을 쏟는 것처럼 아침독서운동에 마음을 쏟았습니다. "네가 밥을 먹고 무엇을 하는지 말해 달라. 그러면 네가 누구인지 말해주겠다." 니코스 카잔차키스의 소설 『그리스인 조르바』(열린책들)의 주인공인 조르바의 말처럼 나는 아이들과 매일 아침 좋아하는 책을 읽으며, 책 읽는 교사가 되었고, 책으로 행복한 교사가 되었고, 책으로 마음을 나누는 교사가 되었습니다.

빨강머리 앤과 펠레
어린 시절의 독서는 영원히 살아남아

아이들이 하교한 텅 빈 교실에서 성준이가 읽다가 책상 위에 두고 간 동화책을 만져보니, 아직도 아이의 온기가 남아 있습니다. 학기 초, 아침독서 시간에 책읽기에 집중하지 못하고 "저는 책읽기가 싫어요."라고 말하며 겉돌던 아이였습니다. 점심시간 운동장에서 축구를 할 때 펄펄 날아다니는 성준이의 꿈은 축구선수.

주말에 서점에 갔다가 성준이가 가장 좋아하는 축구선수 펠레에 관한 책을 발견했습니다. 축구 꿈나무들이 멋진 선배들의 드리블 장면과 골 장면을 보면서 국가대표의 꿈을 키우는 것처럼, 책을 통해서도 아이의 꿈이 익어가길 바라는 마음을 담아 성준이에게 그 책을 선물했습니다.

책을 통해 제 마음이 전해졌던 걸까요. 성준이는 아침독서 시간마다 그 책을 읽고 또 읽었습니다. 아침독서 활동이 끝나면 쪼르르 내게로 와서 책 속 펠레에 관한 이야기를 해주더니, 다른 책에도 관심을 보이며 하루하루 독서의 폭을 조금씩 넓혀갔

습니다. 성준이가

"선생님, 전 책이 이렇게 재미있는 줄 몰랐어요."

라며 웃었을 때 저도 따라 웃었습니다.

　6학년 국어 시간에 비유법을 배우고 나서 성준이가 지은 동시의 제목은 「독서」였습니다.

　　　우리는 아침에 학교 오면
　　　독서를 하네

　　　우리 반은 숲처럼
　　　조용히 독서하네

　　　우리 반은 숲처럼
　　　스악스악 소리 나네

　　　다른 반은 도시처럼
　　　시끌버끌 하네

　우리 반 아이들과 함께 동시를 감상한 뒤 한 친구가 물었습니다.

"성준아, 스악스악은 뭐야?"

평소 장난기 가득하던 성준이가 진지하게 답했습니다.

"책장 넘어가는 소리잖아."

책장 넘어가는 소리라니……. 책과 함께 기억되는 소리는 내게도 있습니다. 옆집의 개 짖는 소리와 골목에서 공 차는 소리, 달그락거리는 엄마의 설거지 소리, 마당의 나무가 바람에 흔들리는 소리. 그 소리 사이에서 총천연색으로 펼쳐지던 책 속 세계. 삶 안에 또 하나의 세계가 있다는 건 황홀한 일이었습니다.

시원한 나무 마룻바닥에 엎드려 책을 읽던 기억. 그때 나는 책을 든 게 아니라 세상을 들고 있었고, 그래서 어렸을 적 책읽기는 세상 읽기였습니다. 종이의 질감을 손끝으로 느끼며 촉각·시각·청각과 같은 모든 감각이 하나로 합쳐지는 책 읽는 시간이 참 좋았습니다. 『빨강머리 앤』과 『키다리 아저씨』를 읽으며 유년기를 보냈고, 그 시절 내가 읽었던 모든 것은 무(無)로 돌아가지 않고 나의 일부가 되었습니다.

다른 사람을 이해하는 것, 자신을 돌아보는 것, 슬픔을 위로받는 것, 새롭게 보고 다르게 생각하는 것, 넘어져도 다시 일어서는 것. 어른이 된 뒤에도 내 안의 좋은 것들이 책에 얼마나 많이 빚지고 있는지 발견할 때마다 지금 내가 이 자리에 있는 건

그때 읽었던 책의 힘 덕분이라고 믿고 싶습니다. 어린 시절의
독서는 그렇게 영원히 살아남아 있습니다.

선생님도 아이들도 지치지 않을 독서교육
아무나 할 수 있어요, 아침독서

맛있는 음식을 먹으며 자식들을 생각하는 부모님처럼, 아름다운 풍경을 사랑하는 사람에게 보여주고 싶어 하는 연인처럼, 아이들에게 좋은 것을 주고 싶었습니다. 영원히 살아남을 어린 시절의 독서 경험. 그래서 참여한 독서교육을 주제로 한 교사 연수. 그 자리는 대부분 '책읽기'가 아닌 '책을 읽은 뒤의 활동'에 초점이 맞춰져 있었습니다. 독서교육에 대한 화려한 매뉴얼이 넘쳤지만, 머릿속에서는 '이런 방법으로 아이들이 진정으로 책을 좋아하고 책읽기에 몰입할 수 있을까' 하는 의구심이 떠나질 않았습니다.

『아침독서 10분이 기적을 만든다』(하야시 히로시 지음 / 청어람미디어)는 독서교육의 방향에 대해 고민하던 제게 훌륭한 나침반이 되어 주었습니다. 모두가 매일 아침 좋아하는 책을 읽는 일. 아침독서운동은 제가 어렸을 적 책을 좋아했던 방식과 닮아 있었습니다. 온전히 책읽기의 즐거움을 누릴 수 있고, 쉽게 실행에 옮길 수 있고, 아이들뿐만 아니라 함께하는 선생님도 행복해질 수 있는 방법을 찾아서 참 기뻤습니다. 그 책 덕분에 아침독

서운동의 첫걸음을 내디딜 수 있었고 지치지 않고 한길을 걸어
올 수 있었습니다.

제 경험을 많은 선생님들과 나누는 자리에서 아무나 할 수 있
는 독서교육, 아침독서에 대해 이야기합니다.

"선생님들께서 이 연수가 끝날 때 '나도 할 수 있겠다. 나도
해보고 싶다'는 희망을 품고 교실로 돌아가셨으면 좋겠습니
다."

교육이란 교사에게 먼저 희망을 줄 수 있어야 한다고 생각합
니다. 아침독서가 많은 선생님에게 희망이 될 수 있다고 믿습니
다. 유행처럼 왔다 사라진 독서교육 방법들 속에서 아침독서운
동이 10년 이상 그 자리를 지켜왔다는 사실이 이를 증명합니다.

"선생님 덕분에 책을 읽게 되었어요!"
책 읽는 선생님을 붙들어준 한마디들

> "아이고 선생님, 정말 고생 많으셨습니다. 저는 선생님
> 안 되길 잘 했다는 생각이 듭니다. 아이들이 이렇게 말 안
> 듣고 까불고 정신이 없는지 몰랐습니다. 저 같았으면 주먹
> 이 열 번도 더 올라갔을 겁니다."
>
> - 『선생님, 제가 그랬어요』 (송언 지음 / 한겨레출판) 중에서

어린이책 작가이자 초등학교 교사인 송언 선생님이 쓴 책에
서 한 학부모가 참관 수업을 보고 가며 남긴 말을 읽노라니, 교
직생활 동안 쌓인 '애정을 담은 한마디'들이 떠오릅니다.

발령받은 첫해, 1학년 담임을 맡았습니다. 첫눈, 첫사랑, 첫 약
속. 처음은 어쩌면 늘 이토록 아름다운지. 신규 교사의 하루하
루는 좌충우돌의 연속이었지만 첫 제자들이 더없이 사랑스러
웠습니다. 아이들과 자두를 먹다 씨를 쓰레기통에 잘 버리도록
"자두를 먹고 난 뒤, 씨는 어떻게 해야 할까요?" 라고 물었더니
"땅에 심어요!" 라고 대답하던 아이들.

그런 아이 중 하나인 성민이가 가족과 다른 나라로 가게 되었

습니다. 복도에 서서 첫 제자와의 헤어짐을 못내 아쉬워하는 제게 학부모님이 건네주신 책 한 권.

> "1964년, 제가 국민학교(초등학교) 1학년 때 담임선생님은 박수희 선생님이셨습니다. 우리 성민이도 이세나 선생님을 영원히 기억할 것입니다. '내 생의 첫 스승님'이라고 말입니다. 깊이 감사드립니다."

그 책 첫 장에 적힌 편지는 지치고 힘들 때마다 반복하여 읽는 글이고, 언제라도 저를 다시 일으키는 글이며, 하루하루가 낡은 반복은 아닌지 돌아보게 하는 글입니다. 누군가의 기억 속에 영원히 기억된다는 것. 교사라는 직업에 대해 생각해 봅니다. 지금 가르치는 아이들이 미래에 경찰관, 정치인, 간호사, 건축가, 작가, 과학자가 된다고 생각하면 책임감이 무겁지만 한편으로는 설렙니다.

> "교사의 첫 번째 임무는 수업이 끝난 뒤 학생들이 그들의 노트 갈피에 살짝 끼워 오랫동안 간직할 수 있는 순수하고 진실한 가치를 건네주는 것입니다."

버지니아 울프의 말처럼, 아이들에게 꼭 건네주고 싶은 것이 있습니다. 책을 통해 지식뿐만 아니라 지혜를, 현실뿐만 아니라 이상을, 생각뿐만 아니라 사랑을 아는 삶입니다.

초등학교 5학년이었던 건우가 훌쩍 커서 어엿한 고등학생이 되어 찾아왔습니다. 외고 진학을 앞두고 부푼 기대와 진로에 대한 진지한 고민, 수줍게 이성친구에 대한 이야기를 하던 녀석이 불쑥 묻습니다.

"선생님, 그 편지 기억하세요? 선생님이 저희들이랑 헤어질 때 주셨던 편지요."

학년이 끝날 때 아이들에게 주는 편지를 말하는 모양입니다.

"선생님 편지를 책상 유리에 끼워놓고 힘들 때마다 읽어요."

내심 다른 가정통신문처럼 읽고 사라져버릴 수도 있겠지 했는데 5년이 지나서도 여태껏 가지고 있다니, 편지를 오래 간직해준 제자의 마음이 무척 고마웠습니다.

그날 저녁 건우가 사진 찍어 보내준 그 편지에는 "책과 평생 친구로 가깝게 지내. 선생님은 어렸을 적부터 책과 친구가 되어서 어른이 되어서도 책이 있어서 행복하고 즐겁고 든든하단다."라고 적혀 있었습니다. 그리고 사진과 함께 보내온 문자에는 오래오래 간직하게 될 말이 담겨 있었습니다.

선생님 덕분에 책을 읽게 되었어요.

선생님도 제게 한 권의 책입니다.

한 권의 책이 다른 책으로 들어가는 문이 되어주듯이 아침독서가 아이들에게 책으로 들어가는 문이 되어주었습니다. 아이들이 쓴 편지에는 그 문을 열고 들어선 아이들의 이야기가 오롯이 담겨 있습니다.

"책읽기가 좋아졌어요."

"책을 더 많이 읽게 되었어요."

"책과 가깝게 지내라는 선생님 말씀을 새기고 실천할 거예요."

아침독서가 교실에 가져온 변화
책이 내놓은 가장 아름다운 것들

아침독서 시간 김훈의 『자전거 여행』(문학동네)을 읽다가 몇 년 전 돌아가신 아버지가 생각났습니다.

날마다 빼놓지 않고 신문을 보시던 아빠 곁에서 책을 보았습니다. 그러다 아빠 옆으로 가서 신문을 들여다보곤 했습니다. 신문지 위에는 어려운 한자와 모르는 단어가 가득했고, 손가락으로 짚어가며 아빠에게 물으면, 아빠는 척척박사처럼 알려주셨습니다. 그렇게 아빠와 신문을 함께 읽을 때면, 기계를 만지시던 아빠의 몸에서인지 신문에서인지 기름 냄새가 났습니다.

책 한 권이 아빠에 대한 내밀한 그리움과 슬픔을 보듬어 주었습니다. '나는 한 시간의 독서로 누그러들지 않는 어떤 슬픔도 알지 못한다.'던 몽테스키외의 말은 참입니다.

그때 우리 반 한 녀석이 몰래 눈물을 훔치는 제 모습을 보고는

"선생님, 왜 울어요? 책이 슬퍼요?"

합니다. 그 말에 조용히 책을 보던 아이들의 눈길이 일제히 앞으로 향합니다. 멋쩍게 웃으며 넘어가려는데

"선생님, 울지 마세요. 저희가 있잖아요."
라고 말하는 아이들.

아이들과 책을 읽다 보면 외롭지 않았고, 나눌 게 많은 것처럼 느껴졌고, 교실이 우주의 중심 같았습니다. 그 속에서 아이들과의 추억이 담긴 책이 하나둘 늘어났습니다.

6학년 경훈이의 뜬금없는 질문.

"선생님, 김미선 선생님 아세요?"

"김미선 선생님이 누구야?"

"선생님이랑 진짜 닮은 선생님이요."

공문 결재를 받기 위해 교무실로 내려가던 참이라 싱거운 녀석의 대답을 뒤로 하고 발걸음을 재촉했습니다.

교실로 돌아왔을 때, 제 책상 위에는 동화작가 박기범의 단편집 『문제아』가 중간 부분이 펼쳐진 채로 놓여 있었습니다. 그 단편 동화의 제목이 경훈이가 나와 닮았다는 「김미선 선생님」입니다.

　　　우리 선생님 이름은 김미선이다. 나는 우리 선생님 생각을 하면 제일 먼저 딱 떠오르는 게 땡그란 눈이다. 눈 색깔은 아주 새까맣다. 새까마면서도 맨들맨들하는 게 반짝거

린다. 그리고 눈이 아주 커서 옆쪽이나 아래 위를 볼 때면
데루룩, 데루룩 굴러가는 것처럼 보인다. 선생님은 참 예
쁘다.

-『문제아』(박기범 글, 박경진 그림 / 창비) 중에서

이 책을 읽을 때면 책을 읽다 선생님을 떠올렸을 고마운 아이
의 얼굴이 떠오릅니다. 책을 통해 위로받고, 공감하고, 때로는
울고 웃는 삶을 저 혼자가 아닌 아이들과 함께할 수 있어 참 감
사합니다.

'사랑하다'와 '살다'라는 말은 어원을 좇아 올라가면 결국 같
은 말에서 유래한다고 합니다. 아이들과 책을 읽으며 산다는 건
책을 통해 아이들을 사랑하는 일과도 같습니다. 매일 아침 모두
가 좋아하는 책을 읽는 일, 그것만으로도 아주 넉넉합니다. 책에
대한 사랑을 온전히 아이들과 나눌 수 있기에. 작년 스승의 날
우리 반 아이에게 받은 상장 속 글귀처럼 책으로 '사랑스러운 햇
살과 물 같은 선생님'으로 살고 싶습니다.

도대체 어쩌면 이렇게도 오래 아침독서 활동을 할 수 있었느
냐고 묻는다면, 제 대답은 간단합니다. 책이 계속해서 아름다운
것들을 내놓았기 때문입니다. 책 한 권으로 아이들에게 좀 더

가까이 다가설 수 있었던 발걸음, 공감하고 이해하며 마음을 나눈 순간, 책 속에서 발견한 사랑, 용기, 정의, 우정에 관한 조각들, 서로를 따뜻하게 바라본 시선, 책을 읽고 난 뒤 아이들이 남긴 발자국, 아침독서 시간에 책을 읽는 아이들의 눈빛, 아이들과 함께 따라 걸었던 책 속에 난 길, 책을 통해 아이들이 "선생님!" 하고 건네는 말과 글, 그 모두가 '책이 내놓은 가장 아름다운 것들'입니다. 그것들은 아이들과 제 마음으로 시나브로 스며들어 교실을 좀 더 따뜻하게, 좀 더 밝게 만들었습니다.

"아름다움이 세상을 구할 것이다(Beauty will save the world)." 라는 러시아의 대문호 도스토예프스키의 말처럼 아름다움은 힘이 셉니다. 책이 내놓은 아름다운 것들이 학교폭력, 왕따, 불통, 체벌, 끊임없는 비교와 경쟁보다 더 강하다고 믿습니다.

교사를 향한 세상의 시선은 차가워졌지만 더 좋은 선생님이 되기 위해 오늘도 아이들과 함께 읽고, 고민하고, 노력하는 선생님들이 많다는 걸 아침독서 활동을 통해 압니다. 햇수로 10년 전에 '아침독서운동 확산을 위한 학급문고 보내기' 1차 행사에 참여하며 '맛있는 아침독서 10분 운동, 큰 결과를 만드는 아주 작은 차이'라는 제목의 글을 썼습니다. 그 글의 마지막 문단이 다시 이 글의 마지막 문단이 되어도 좋겠습니다.

"나는 앞으로도 '아침독서운동'을 펼쳐나갈 계획이다. 우리
반 아이들이 수백 명의 애서가로 변해 '빠져, 빠져, 아침독서
에 빠져'를 외치며 독서 열풍을 선도하지 않을까, 하는 생각
을 하면 절로 웃음이 난다."

책 읽는 행복을 찾아주는
아침독서 4원칙

1원칙, 모두 읽어요
같이의 가치, 함께 읽기의 힘

교사나 부모가 "책 좀 읽어!"라고 아무리 반복해 말해도 아이들 마음에 닿지 않습니다. 아이들은 어른들의 말보다 태도와 행동에서 영향을 더 많이 받습니다. 아이들에게 이야기할 때 교사 자신의 삶도 그 바탕 위에 있어야 하는 이유입니다. 그래서 선생님이 "책 읽어!"가 아니라 "책 읽자."라고 말하며 아침독서 시간에 아이들과 함께 책을 읽는 일은 중요합니다.

아침독서에 대한 열의가 높은 한 교장선생님께서 교직원 회의 시간에

"아침독서는 교사가 함께해야 효과가 높으니, 그 시간에는 컴퓨터도 끄고 아이들과 독서를 해 주세요."

라고 당부한 적이 있습니다. 무엇보다 아침독서가 잘 정착되길 바라는 마음이 담긴 말이었지만, 몇몇 선생님들은 '아침에 바쁜데 책 읽을 여유가 어디 있지?' 하는 반응이었습니다.

동료교사로서 저는 그 마음에 충분히 공감합니다. 일방적으로 교사에게 책읽기가 강요되면 아침독서 활동은 지속되기 어렵다고 생각합니다. 대학입시와 취업을 목표로 하는 독서가 아이들에게 불안과 피로만을 안겨주는 것과 같습니다.

솔직히 고백하면 아이들과 함께 아침독서를 하는 이유에는 저 자신을 위하는 마음도 있습니다. '해야 할 것'으로 가득한 세상에 출근해서 바로 공문 처리나 활동에 쫓기다 보면, 마음이 조급해지고 짜증과 한숨으로 하루를 시작하게 됩니다. 그건 준비 동작 없이 100미터 달리기를 하는 것과 같습니다. 저에게 아침독서는 달리기 출발 직전, 호흡을 고르고 마음을 가다듬는 준비 동작과 같습니다.

아침독서 시간에 모두가 참여하면 이런 좋은 점도 있습니다.

보통 한 학급에 스무 명이 넘는 아이들과 교사는 서로 다른 기분으로 학교에 옵니다. 그런 기분들이 모여 교실 분위기를 풍선처럼 '붕' 띄웁니다. 그렇게 1교시를 시작하면 수업에 온전히 몰입하기 어렵습니다.

아침독서 시간은 수업에 앞서 교사와 학생들의 심적 상태를 가장 조화로운 상태로 맞춰가는 방식이라서 의미가 큽니다. 같은 공간에서 함께 이루어지는 독서는 교사와 학생의 정서를 안정시킵니다. 아이들에게 선생님도 함께한다는 신뢰가 생깁니다.

아침독서 시간에 고개를 숙이고 책을 읽다가 고개를 드는 순간이 있습니다. 뒷문이 열리는 소리가 날 때입니다. 늦게 온 아이와 눈이 마주칩니다. 아침독서가 시작된 뒤에는 눈인사를 하자는 약속대로 나와 눈인사를 나누고, 책 읽는 친구들에게 방해가 되지 않도록 조용히 자리에 가서 앉습니다. 선생님의 시선이 향하는 곳에는 헐레벌떡 들어오거나 지각해서 혼날까 봐 주눅든 아이 대신, 다른 사람을 배려하고 차분하게 교실에서의 하루를 시작하는 아이가 있습니다.

또 이런 순간도 있습니다. 책을 읽다가 멈추고 고개를 들 때가 있습니다. 뭔가 생각이 나서일 수도 있고 책 읽는 아이들의

모습을 보기 위해서일 수도 있습니다. 그러다 고개를 든 아이와
눈이 마주치기도 합니다. 그러면 누가 먼저랄 것도 없이 서로를
향해 미소 짓습니다. 그런 찰나의 행복은 아침독서 활동이 주는
덤입니다. 그래서 아이들과 눈을 마주치며 책을 읽는 일은 행복
입니다.

2원칙, 날마다 읽어요
매일 책읽기는 어떤 사람이 되어가는 일

올해로 3년째 경기도에 있는 한 고등학교에서 '함께 꿈꾸기'라는 특강 형식으로 교육기부를 하고 있습니다. 초등학교 교사를 꿈꾸는 학생들에게 도움이 되고 싶은 마음과 미래의 동료 교사를 미리 만난다는 설렘이 컸습니다. 그 자리에는 '부모님이 강요하셔서', '딱히 하고 싶은 게 없어서'와 같은 말로 진로 고민을 털어놓는 학생들이 많았습니다. 왜 아이들은 진정으로 자신이 원하는 꿈을 찾지 못하는 걸까요?

2014년 12월 7일에 방영된 예능 프로그램 〈안녕하세요〉에 출연한 아이의 고민을 들어보면 그 이유를 짐작할 수 있습니다. 초등학교 4학년인 아이의 하루는 아침 7시 50분에 등교하며 시작됩니다. 학교 수업을 마친 후, 영어, 수학, 국어, 미술, 태권도, 독서토론, 역사, 정치, 경제, 지리, 세계사, 과학 학원을 돌다 집에 돌아와 학원 숙제를 하다 보면 금방 12시가 되고 맙니다.

아이들에게 숨겨진 가치와 가능성을 모두 외면해버리는 시대. 그 사이 우리 아이들이 놓치는 것은 '많이 읽고 많이 생각하는 삶'입니다.

재작년에 있었던 일입니다.

"선생님, 저희 오늘 학원에서 밤 10시까지 공부해야 해요."

하며 울상을 짓는 6학년 아이들. 자주 듣는 고민이라

"너희들이 고생이 많다."

하고 넘겼는데, 어쩐 일인지 그날 밤 집으로 돌아가는 길에 아이들이 다니는 동네 학원 건물 앞에서 발걸음이 떨어지지 않았습니다.

학원으로 올라갔더니 생기 없이 지친 얼굴로 수학 문제를 푸는 아이들이 창문 너머로 보였습니다. 아이들을 기다렸다가 배고프지 않은지 물었더니 "떡볶이요!" 했습니다. 그날 밤 우리는 떡볶이 접시를 가운데 두고 이야기꽃을 피웠습니다.

호기심도 많고 해보고 싶은 것도 많은 아이들. 그런 이야기들을 꺼내놓으며 초롱초롱해지는 눈빛들.

아침독서를 '날마다' 하는 이유는 이렇습니다. 아이들의 하루 24시간 중 온전히 책 속에서 누리는 휴식 시간을 주고 싶은 마음이 첫째고, 책이 곧 삶이라는 걸 알려주고 싶기 때문이 둘째, 많이 읽고 많이 생각한 시간들이 쌓여 아이들이 자신이 원하는 게 무엇인지 스스로 찾을 수 있다는 믿음이 셋째입니다.

왜 아이들은 진정으로 자신이 원하는 꿈을 찾지 못하는 걸까요?

아이들에게 **숨겨진 가치와 가능성**을 모두 **외면**해버리는 시대.

그 사이 우리 아이들이 놓치는 것은

'많이 읽고 많이 생각하는 삶'입니다.

매일 달리기를 한다는 건 어떤 몸을 만드는 과정이 아니
라 어떤 사람이 되어가는 과정이라는 생각이 든다.
– 웹 단편소설 「달리기 구루」 (김연수) 중에서

좋아하는 소설가 김연수의 글입니다. 저는 이 글에서 '달리
기'를 '독서'로 바꾸어 읽습니다. 날마다 책을 읽는다는 건 '어
떤 사람이 되어가는 과정'입니다.

아이들에게 책 읽는 습관이 형성되도록 시험 기간에도 아침
독서 시간은 꼭 지키려고 노력했습니다. 아침독서 활동 초기에
는 등교해서 학원 숙제를 하거나 문제집을 푸는 아이들이 많았
습니다. 그런 습관을 바꾸려면 가정의 이해와 협조가 필요했습
니다. 그래서 달마다 '학부모님께 드리는 독서 편지'라는 제목
의 가정통신문을 발송하였습니다. 거기에 우리 반 독서 현황과
독서 행사, 학부모와 함께 읽는 교육 도서와 신간 도서 정보를
담았고, 무엇보다 아침독서 시간이 우리 아이들에게 꿈을 꿀 수
있는 중요한 시간이 되길 바라는 마음을 전했습니다.

한 학부모가 보내주신 반가운 답장.

"매일매일 아침마다 책을 읽으며 하루를 시작할 수 있는 시
간이 우리 아이들에게 주어졌다고 생각하면 부모 된 입장에
서 행복할 따름입니다."

아침독서를 '날마다' 하는 이유는 이렇습니다.

아이들의 하루 24시간 중 **온전히 책 속에서 누리는**

휴식 시간을 주고 싶은 마음이 첫째고,

책이 곧 삶이라는 걸 알려주고 싶기 때문이 둘째,

많이 읽고 많이 생각한 시간들이 쌓여

아이들이 자신이 원하는 게 무엇인지

스스로 찾을 수 있다는 믿음이 셋째입니다.

평소에는 책 읽는 시간을 따로 정해두지 않습니다. 식당에서 음식이 나오기 전이나 병원에서 차례를 기다릴 때도 책을 읽습니다. 늦은 밤에 '조금만 읽어야지' 생각하면서 책을 들었다 '조금만 더' 하면서 새벽녘까지 잠을 못 이루기도 하고, 버스나 전철 안에서 책을 읽다 내릴 곳을 지나친 적도 있습니다. 책 읽을 시간이 없다는 사람들 속에서 저는 혼자만의 시간과 틈새 시간을 '잘' 누리며 책 읽는 방법을 알게 되었습니다.

어렸을 적 책읽기 습관이 언제 어디서나 함께할 '책'이라는 좋은 친구를 만들어 주었습니다. 아침독서를 매일매일 하는 일이 아이들에게 평생 같이할 좋은 친구를 만들어 주는 일처럼 중요하게 여겨지는 이유입니다.

3원칙, 좋아하는 책을 읽어요
돈 대신 내 마음을 준 책

1993년, 초등학교 6학년이던 제게 특별한 책으로 기억되는 베르나르 베르베르의 대표작이자 첫 작품인 『개미』(열린책들)가 한국어판으로 출간되었습니다.

당시 동네서점만큼이나 기억에 남는 곳은 도서대여점이지 싶습니다. 짧게는 사흘, 길게는 닷새 정도 책을 빌리는 데 천 원이 안 되는 돈으로 소설책을 볼 수 있었습니다. 그곳에서 『개미』를 빌려 보았습니다. 이 책은 인간 중심의 세계관에서 벗어나 개미의 눈높이에서 바라본 세상이 그려져 있습니다. 책을 읽는 내내 저는 한 마리 개미였습니다. 그 읽기 경험은 강렬하고 신선했고, 새로운 시선을 주었습니다. 책을 읽고 난 후, 우리 집 마당의 개미는 이제 이전의 개미가 아니었습니다. 책 속 개미들처럼 생각이 있고, 사랑과 생존의 열망으로 가득한 인간과 같은 존재로 여겨져 혹시라도 밟을까 봐 까치발을 들고 마당을 지나가곤 했습니다.

책이란 어쩌면 이렇게 신기한지. 스무 해가 지나 6학년 교실 아침독서 시간에 그 책을 읽는 아이를 보게 되었습니다. 개정을 거듭하며 세 권이던 책이 다섯 권으로 늘어났고 표지도 바뀌었지만, 분명 어릴 적 읽었던 그 『개미』였습니다.

"다 읽고 선생님도 빌려줄래?"

하고 다시 읽은 책은 예전의 그 느낌이 들지 않았습니다. 말랑말랑한 마음을 가진 어린아이였을 때 이 책을 읽은 건 참 행운이었구나 하는 생각이 자연스레 들었습니다.

어렸을 적 제가 읽었던 책들을 종종 아이들에게 보여줍니다. 아이들은 책 뒤에 찍힌 '1993'이라는 출판 연도가 믿기지 않는다는 표정입니다.

"우리들이 태어나기도 전에 나온 책이야!"

톨스토이의 단편 『사람은 무엇으로 사는가』는 비록 누렇게 변색되었지만 몇 번의 이사에도 사라지지 않고 책꽂이에서 묵묵히 자리를 지키고 있습니다. 그 책은 우리 동네에 있던 연미서적에서 용돈 이천 원을 주고 산 책입니다.

지금도 그 책을 펼치면 오래전 그어놓은 밑줄들을 만날 수 있습니다. 밑줄을 통해 과거와 현재의 나를 나란히 바라보는 일은 또 하나의 재미입니다. 그리고 '내가 진정으로 바라는 삶의 모습은 뭘까?'라는 선뜻 대답하기 힘든 질문을 던집니다. 초등학교 때 읽었던 소설을 10년, 20년 후에 다시 읽으면, 같은 작품인

데도 읽을 때마다 다른 얼굴을 보여줍니다.

> 선생님들이 내게 소설 읽기의 자유를 주었으므로 훗날
> 소설가가 될 수 있었다. 인생에 이보다 더 심각하게 영향을
> 끼친 수업이 어디 있으랴. 선생님들 모두 합동으로 나를 소
> 설가로 만들었다.
>
> — 『수업』 (양귀자 외 17인 지음 / 황소북스) 중에서

소설가 양귀자는 이렇게 말했습니다. 저는 도서대여점이나 서점에서 그가 말한 '읽기의 자유'를 누리면서 돈이 아닌 '마음'을 준 책과 만날 수 있었습니다. 우리 반 아이들이 수많은 책 속에서 그런 조우를 놓치질 않기를 바라는 마음으로, 아침독서 시간에는 자신이 읽고 싶은 책을 보자고 합니다.

작년 우리 반이 '아침독서와 연계한 학교도서관 활용수업'을 선생님들에게 공개하게 되었을 때, 아이들과 가장 먼저 한 일은 학교 컴퓨터실로 달려간 것이었습니다. 아이들에게 '내 손으로 선택하는 책'의 기쁨을 알려주고 싶은데, 학교가 있는 읍에서 서점을 가려면 버스를 타고 한 시간쯤 시내로 나가야 하기 때문에 온라인으로 '서점 나들이'를 떠나기로 한 것입니다. 아이

들 각자 인터넷 서점에서 책을 살펴보고, 가장 읽고 싶은 책을 자유롭게 선택하도록 했습니다.

아이들은 교실에서 이미 읽은 책 제목을 검색해보기도 하고, 자신이 좋아하는 분야나 좋아하는 작가의 책을 찾아보며 마치 맛있는 아이스크림을 고를 때처럼 신나고 즐거워 보였습니다. 택배로 도착한 책을 받아본 아이들은 자기가 고른 책에 애착을 가지고 아침마다 읽어나갔습니다.

대부분 자신이 좋아하는 책을 읽는 기쁨을 누렸으나 그중에 는

"선생님, 이 책은 제가 생각했던 것과 달라요."

하며 울상을 짓는 아이도 있었습니다. 그런 일 또한 무엇이 자신에게 맞는 책인지, 어떤 책이 좋은 책인지 분간해낼 안목을 기르는 책읽기 과정입니다.

옷 잘 입는 사람들이 권하는 '자신과 잘 어울리게 옷 입는 방법'은 다름 아닌 '많이 입어보기' 입니다. 유행을 좇지 말고, 다양한 옷을 많이 입어봐야 자신의 결점과 장점을 아는 데 도움이 된다고 했습니다.

책을 고르는 일도 마찬가지입니다. 권장도서나 추천도서목록에 오르지 못해 아이들과 만날 기회조차 얻지 못하는 양서들이

얼마나 많은가요. 권장도서나 추천도서의 틀을 벗어나 다양한 책 속에서 스스로 판단하고 선택하는 일 또한 중요한 독서 경험의 일부입니다.

4원칙, 그냥 읽기만 해요
선생님, 정말 독서감상문 안 써도 돼요?

지난 10년 동안 아침독서를 하면서 가장 후회되는 일이 있습니다. 초기에 아이들에게 독서록 쓰기와 다독을 강요했던 일입니다.

주마다 독서감상문을 검사하고, 써오지 않은 아이에게는 쓰기를 강요했습니다. 여름방학이 끝난 뒤 생활계획표마다 '참 잘했어요' 도장을 찍어주었지만, 아이가 계획표대로 실천했는지에 대해서는 관심이 없는 교사처럼 굴었다는 사실은 지금도 마음 한편에 부끄러움으로 남아 있습니다.

교실 한쪽 벽면에는 일명 '독서스티커판'을 붙여 놓고 학교 도서관에서 대출을 많이 한 아이에게는 '다독상'을 주었습니다. 스티커를 붙이기 위해 책을 빌리고, 읽지도 않은 채 반납하거나 일부러 두께가 얇은 책들만 읽는 아이들이 생겼습니다. 무엇보다 그 1년 동안 아이들이 책읽기 경쟁과 비교에 빠져 순수한 독서의 즐거움을 제대로 맛보지 못했을 거라 생각하면 한없이 미안합니다.

어렸을 적에 글쓰기는 즐거웠습니다. 책 읽는 건 더 즐거웠습니다. 성인이 된 지금도 그렇습니다. 돌이켜 생각해보면 책을 읽고 꼭 독서감상문을 써야 한다고 강요받고, 내가 읽은 책의 권수로 비교를 당하는 처지였다면 책읽기의 즐거움을 미처 알기도 전에 책과 멀어졌을지도 모릅니다. 그럼에도 교사가 된 뒤에는 책을 읽었기 때문에 책을 가지고 글을 쓰고, 그림을 그리고, 퀴즈를 푸는 등 뭔가 활동을 해야 한다는, 주객이 전도된 독서교육을 했던 것입니다.

지난 경험을 통해 지금은 독서감상문을 포함한 일체의 독후활동에 대한 강박감이 사라졌습니다. 독후활동을 해야만 국어성적이 오르고, 논리력과 창의성이 신장되고, 글도 잘 쓰고 발표력도 좋아진다는 건 독서의 목적을 좋은 성적이나 입시를 위한 수단으로 생각하는 어른들의 욕심이지 않을까요? 각종 독서 퀴즈, 독서대회, 독서기록장, 독서통장, 독서발표, 독서 스티커 같은 방법들이 책을 더욱 멀리하게 하는 역효과를 초래하기도 합니다.

교육을 전혀 염두에 두지 않았을 때, 우리는 얼마나 훌륭한 교사였던가!

　　　　　－『소설처럼』(다니엘 페낙 지음 / 문학과지성사) 중에서

이렇게 생각하는 교사의 역할이 아침독서 시간에 필요합니다. 그냥 읽기만 해도 좋습니다. 책을 좋아하는 아이들에게 책을 왜 읽느냐는 내 우문에 돌아오는 현답.

"재미있으니까요."

학기 초의 일입니다.

"독서감상문 쓰지 않아도 돼. 아침독서 시간에는 실컷 읽기만 하자."

라는 내 말에 아이들은 큰 짐을 덜었다는 듯 가벼운 얼굴로 재차 확인합니다.

"선생님, 정말 독서감상문 안 써도 돼요?"

가장 중요한 건 아이들이 책읽기 자체를 좋아하고 그 시간을 행복하게 느끼는 것이라 믿습니다.

책으로 아이들과 함께 살아가기

9시 등교와 아침독서가 함께하는 길
쉽지 않으시죠?

아침독서운동을 시작한 지 10년이 지나고, 학교 현장에도 크고 작은 다양한 변화가 있었습니다. 그중 '9시 등교제'는 아침독서하는 선생님들에게 새로운 과제를 모색하게 했습니다. 1교시 시작 전 10분에서 20분 정도 아이들과 책읽기를 할 수 있던 시간이 사라진 까닭입니다. 아침독서 선생님들에게 '어떻게 하면 아침독서운동을 이어나갈 수 있을까' 하는 고민이 생겼습니다.

문화체육관광부에서 발표한 <2015 국민 독서실태 조사>의 아침독서 시행률을 살펴보면, 학교에 '아침독서 시간이 있다'는 응답은 52.3퍼센트로, 지속적으로 상승하던 과거 조사 결과(2010년 55.4퍼센트, 2011년 61.0퍼센트, 2013년 69.6퍼센트)와 달리 크게 낮아졌습니다. 이는 2014년 하반기부터 지역 교육청 단위로 시작된 '9시 등교제'의 영향으로 해석됩니다. 9시 등교제를 시행하지 않는 학교의 아침독서 실시율은 59.7퍼센트로 9시 등교제를 시행하는 학교의 실시율 38.0퍼센트보다 훨씬 높게 나타났습니다.

이처럼 9시 등교제로 아침독서 시행 여건이 어려워진 것은 사실입니다. 하지만 이러한 상황에서도 많은 선생님들이 아침독서를 이어나가려는 노력을 멈추지 않는 건 아침독서가 학생들의 독서습관 형성에 가장 좋은 방법이라는 데 의견을 같이하기 때문입니다. 이를 뒷받침하듯 '아침독서가 독서습관 형성에 도움이 된다'는 학생들의 의견은 꾸준히 증가해 왔습니다.(<2015 국민 독서실태 조사> 참고) '아침독서' 시행 학교 학생 중 '아침독서'가 독서습관 형성에 '도움이 된다'는 의견이 57.6퍼센트로 '도움이 되지 않는다'는 의견(14.6퍼센트)보다 4배 정도 높게 나타났습니다. '9시 등교제'의 영향으로 아침독서 시행률이 지난 2011년, 2013년보다 낮아지긴 했으나 아침독서가 독서 습관에 '도움이 된다'는 학생들의 의견은 과거보다 더 많아진 것입니다.

학생들이 지금보다 책을 더 가까이하기 위해서 학교에 바라는 점의 우선순위를 알아본 결과에서도 '좋은 책 소개와 정보 제공' 및 '학급문고 확대'에 대한 필요도('매우 필요함'+'필요한 편')가 50퍼센트 이상이며, 이어서 '독서시간 확대'(41.0퍼센트) 순인 것으로 나타났습니다. 학생들이 여전히 독서시간을 더 바라고 있다는 건, 아침독서가 지켜져야 할 이유 중 하나입니다.

많은 선생님들이 '9시 등교제' 시행 이후에도 꿋꿋하게 아침독서 시간을 운영하기 위해 다양한 노력을 기울이고 있습니다. 9시 전에 등교하는 학생들과 아침독서 시간을 갖거나, 교육과정 계획 단계에서 1교시를 국어수업으로 배정하여 수업 시작 10분을 아침독서 시간으로 운영하며 수업을 이어가기도 합니다.

'9시 등교제'와 아침독서운동은 아이들의 행복을 위하는 일이니 함께 가야 합니다. 경험에 비추어 보면, 9시에서 9시 10분까지 아침독서 시간을 가지고 바로 수업에 들어가는 방식이 교육 현장에 가장 적합하다고 생각합니다. 9시 이전 등교 때처럼 수업 전 아침독서 시간이 많은 학교에 정착되었으면 하고 바랍

니다. 10년 전 아침독서운동의 시작이 그랬던 것처럼, 교사 개
개인의 아침독서에 대한 열망 위에 교육 당국과 학교의 의지가
필요한 시점입니다.

선생님 책상엔 어떤 책이 있을까?
아이들과 친구 되는 '열린 서재' 만들기

3월, 아이들과 만난 첫날 아침독서에 대해 이야기하며 '선생님과 함께 책읽기'라고 쓴 빈 상자를 제 책상 위에 두었습니다. 학교도서관도 있고 교실엔 학급문고용 책꽂이도 있지만, 선생님 책상 위의 상자는 우리 반을 위한 '열린 서재'가 됩니다. 왜냐하면 그곳이 바로 문이 달리지 않은 백화점 매장처럼 아이들이 가장 손쉽게 닿을 수 있고 볼 수 있는 곳이기 때문입니다. 오른쪽에는 제가 읽는 책을, 왼쪽에는 아이들에게 추천하는 책을 쌓아 둡니다.

봉준호 감독은 영화 <살인의 추억>에서 시작과 끝 부분, 그리고 노란색 너른 벌판의 이미지는 고흐의 그림에서 영감을 얻은 것이라고 하였습니다. 대학에서 미술을 가르치셨던 아버지의 서재에서 어린 시절부터 영어와 일본어 원서로 된 그림책을 마음껏 보며 자란 덕분입니다. 봉 감독이 아버지 책에 관심을 보였듯 우리 반 아이들도 선생님이 읽는 책에 호기심이 많습니다. 슬쩍 뒤적여 보거나 아예 드러내놓고

"선생님, 이거 무슨 책이에요?"

하고 묻습니다.

6학년은 빨리 어른이 되고 싶고, 어른들의 세계에 호기심이 많을 나이입니다. 어느 날은 웅비가 제 책을 한 권 들고 가면서

"선생님, 제가 이 책에 도전해 보겠습니다."

합니다. 이해하기 어려운 과학분야 도서였지만

"좋아, 도전!"

하면서 웃어보였는데, 아니나 다를까, 아침독서 시간 내내 한 장이 넘어가지 않습니다.

"선생님도 이 책은 어려웠어."

하고 말을 걸었더니

"전 좀 더 자라야겠습니다."

라고 재치있게 답해 저를 웃게 했습니다.

아침독서 시간에 제가 읽던 책 중 아이들 눈높이에 맞는 내용은 소리 내어 읽어주고 생각을 묻기도 합니다. 아침독서 시간만큼은, 가르치는 교사가 아니라 책을 통해 아이들과 만나는 친구가 되고 싶습니다. 비록 책의 일부분만 함께 읽는 셈이지만, 아이들은 선생님이 읽는 책을 함께 본다는 친근함과 함께 존중받고 있다는 기분을 느끼지 않을까요.

우리 반 열린 서재 왼쪽에는 3월부터 매주 월요일 아침에 아

이들에게 소개하는 책들이 쌓여 있습니다. 생텍쥐페리의 『어린 왕자』를 소개할 때, 이집트의 사막에서 1박 2일을 보낸 경험과 사진을 함께 늘어놓았습니다. 사막에서 밤에 모닥불을 펴놓았는데 어둠 속에서 반짝이는 눈빛이 알고 보니 『어린 왕자』에 나오는 '사막여우'였다는 이야기를 들려주면, 아이들은 귀를 쫑긋하며 책에 호기심을 보입니다. 선생님의 이야기와 책 이야기가 만나 아이들에게 친숙하게 다가가는 것입니다.

이야기를 끝낸 뒤 책상 위에 책을 올려놓으면 읽고 싶은 아이들이 자유롭게 가져가 읽습니다. 다 읽은 사람은 책 앞장에 붙여 놓은 종이에 자신의 이름을 남깁니다. 먼저 읽은 친구에게 책 내용과 느낀 점을 물어보기도 하면서 선생님이 들려준 책 이야기가 친구가 들려주는 책 이야기로 옮겨갑니다.

4월이 되면 선생님의 이야기가 담긴 책은 다섯 권을 넘게 됩니다. 그즈음 아이들에게 한 가지를 제안합니다.

"선생님도 너희들이 읽는 책이 궁금해. 재미있게 읽은 책이 있으면 학교에 가져와서 선생님과 친구들에게 소개해주면 좋겠어."

순서를 정하거나 특정 아이를 지목하지 않아도 집에서 책을 가지고 오는 아이들이 하나둘 늘어납니다.

예전에는 새 학년을 시작하면 아이들에게 학급문고용 책을 가지고 오게 했습니다. 그러면 '함께 읽기'에 대한 공감대가 형성되기 전이기 때문에 집에서 읽지 않는 책이나 자기 이야기가 없는 책이 학급문고를 채우게 됩니다. 그런 책들은 아이들의 관심을 끌지 못하는 경우가 많습니다. 그런 경험을 겪고 나니 '함께 읽기'에 대한 공감대를 형성하려면 교사가 먼저 책 읽는 모습을 보여주고, 책에 담긴 자기 이야기를 전하는 게 얼마나 중요한지 알게 되었습니다.

책을 친구들에게 소개할 때도 제가 그랬던 것처럼 책에 대한 자기 이야기를 하도록 했습니다.

"제 꿈은 수영선수입니다. 이 책은 다양한 수영 영법을 그림으로 볼 수 있습니다. 책에서 글로 읽을 때는 쉬운데 막상 물속에서는 어렵습니다."

날마다 방과 후에 수영하러 가는 영원이가 가져온 책에는 영원이의 이야기가 담겨 있었습니다. 좋은 책이란 그런 게 아닐까요. 다 읽고 난 뒤 다른 사람에게 내 얘기를 하고 싶어지게 만드는 책. 아이들은 그 책을 '영원이 책'으로 부르고

"영원이 책 누가 읽고 있어? 다음에는 내가 찜!"

합니다.

아이들이 가지고 온 책이 열린 서재에 늘어나면 정식 학급문고로 옮겨 놓습니다. 우리 반 학급문고에는 그렇게 아이들의 이야기가 담긴 책들이 꽂혀 있습니다.

선생님 책상 위 작은 서재를 만드는 일은, 벽면에 추천도서목록을 붙여놓거나 처음부터 학급문고에 많은 책을 꽂아두는 일보다 아이들에게 책을 친근하게 느끼도록 하는 데 더 효과적입니다. 선생님 책상을 '만지지 마시오'에서 '만져보세요'로 바꿔놓아 아이들이 언제든 제가 읽는 책을 뒤적여 보고 자신이 읽은 책에 관해 저와 이야기를 나눌 수 있는 공간으로 만들었습니다. 또 자신이 읽은 책을 친구들과 공유하고 나눌 수 있는 공간이 되기도 합니다.

책상 위에 책을 가져다 두거나 가지러 오는 아이와는 꼭 눈을 맞추고 관심을 보입니다.

"수연아, 벌써 그 책 다 봤어?"

"초은이는 소설을 좋아하는구나."

비록 작은 서재지만 우리 반 열린 서재는 수백 권의 책보다 더 큰 힘을 발휘합니다.

그림책 함께 읽기
아이 마음에 꽃 한 송이 피우면 충분합니다

"제가 책을 좋아하지 않아서 그런지 우리 반은 아침독서 활동이 잘되지 않아요."

연수에서 만난 한 선생님의 솔직한 고백에 웃음꽃이 피고, 몇몇 선생님들은 동의한다는 얼굴로 끄덕끄덕.

선생님이 책읽기를 좋아하면 교실 속 아침독서가 튼튼하게 뿌리 내릴 수 있기에, 그런 선생님들에게 그림책을 권합니다. 어른이라고 반드시 두껍고 어려운 책을 읽어야 하는 건 아닙니다. 이십여 쪽을 넘지 않는 짧은 분량에 몇 줄 안 되는 글, 반면 그림과 행간에 담긴 의미의 세계는 깊고 넓은 그림책. '그림책은 0세부터 100세까지 즐길 수 있습니다.'라는 일본 아동심리학자 가와이 하야오의 말에 고개가 끄덕여지는 이유입니다.

경기도교육청 교사 영어 연수로 호주를 방문했을 때의 일입니다. 현지 초등학교 수업을 몇 주 동안 참관할 기회가 있었는데, 가장 인상 깊은 시간은 학교도서관 수업이었습니다. 우리나라 초등학교의 학교도서관 구성과 크게 다르지 않은 그 장소에서 이루어지는 선생님과 아이들의 만남은 소박하지만 특별해

보였습니다. 둥그렇게 모여 바닥에 편안하게 앉은 아이들에게 선생님이 그림책을 한 장, 한 장 넘기며 이야기를 들려주었습니다. 책을 읽는 목소리는 할아버지가 손자에게, 엄마가 딸에게, 아빠가 아들에게 그림책을 읽어주듯 편안하고 다정했고, 책장을 넘기는 손길은 아이들이 한 페이지 그림마다 어떤 일이 벌어지는지 자세히 살피고 발견하며 읽도록 여유로웠습니다. 그러다 중간중간 페이지 넘기는 것을 멈추고 아이들의 생각을 물었습니다. 아이들이 어떤 대답을 하더라도 교사는 귀를 기울였고, 칭찬을 아끼지 않았고, 적극적으로 호응해주었습니다. 선생님의 생각과 이야기에 아이들도 귀를 기울였습니다. 그 시간이 특별하게 여겨진 건, 단 한 권의 그림책이 교사와 아이들의 '소통 창구' 역할을 할 수 있다는 걸 보여준 까닭입니다.

저에게도 유난히 떠오르는 그림책이 한 권 있습니다. 표지에 황금색 물고기가 그물에 걸린 그림이 그려진 『황금물고기』 (푸시킨의 동화로, 어릴 적 읽던 그림책은 절판되었다고 합니다)입니다.

고기잡이를 하던 할아버지가 어느 날 바다에서 물고기 한 마리를 잡고 보니, 눈부시도록 아름다운 황금물고기였습니다. 그 물고기가 사람처럼 말을 합니다. 그리고 할아버지에게 살려달라고 애원하며, 살려주기만 하면 할아버지의 소원을 들어주겠다고 합니다. 가장 기억에 남는 이 대목, 엄마가 "할아버지, 살려주세요."를 읽어주셨을 때, 저는 그림 속 그물에 걸려 버둥대는 황금물고기였습니다. 엄마 품에서 그림책을 보는 일은 엄마와 같은 체험을 하며, 깊은 교감을 나누는 시간이었습니다.

　많은 부모들이, 아이가 글을 읽을 수 있게 되면 혼자 책을 읽으라고 합니다. 하지만 그림책이 가지는 가장 중요하고 소중한 의미는 아이와 함께한다는 것입니다. 혼자 보는 여느 책과 달리, 둘이 보는 그림책은 아이와의 '대화의 끈'이 되고, 마음과 마음을 이어주는 강력한 교감의 도구가 됩니다. 아이에게 보고 들으라고 강요하지 말고, 그림을 통해 서로의 말을 들어주고, 감정을 나누며 정신적인 체험을 공유해 보세요. 그림책을 넘기다 보면 어른이 보기에 별것 아닌 부분에서도 아이들은 즐거워하고, 호기심을 보입니다. 그 속에서 아이의 눈높이에 맞춰 소통하며 가까워질 수 있습니다. 그리고 아이는 함께 책을 보는 사람의 눈빛, 목소리, 체온과 같은 따스한 느낌 속에서 애착을 형성하며 정서적 안정감을 느낍니다.

　버클리 대학교 교육대학원 학장이면서 독해 연구가인 데이비드 피어슨(P. David Pearson)에 따르면 교사의 책 읽어주기가 아이들이 책에 대한 흥미를 갖게 하는 데 도움이 된다고 합니다. 이때, 교사의 마음을 끄는 책이나 이야깃거리가 담긴 책을 선택하면, 아이들과 함께 책 읽는 즐거움에 한발 다가설 수 있습니다.

그림책을 '함께' 읽는다는 건 교사가 그림을 해설하거나 글을 '읽어주는' 게 아니라 아이들과 그림책을 '같이' 보고 대화를 나누는 일입니다. 책의 내용을 확인한다거나 느낀 점을 말하는 것을 강요하기보다 그림책을 보며 아이들의 정서와 감정을 읽고, 그림책이 주는 순수한 재미를 함께 즐겨보았으면 합니다.

어른들은 그림책을 읽고 난 후에 결과를 활동으로 표현하도록 고안된 독서록이나 독서감상화와 같은 독후 활동에 집중하는 경우가 있습니다. 그림책을 읽고 즐거움을 느끼고, 다른 사람과 소통하고, 자신의 삶과 관련지어 생각하기보다는 독서 후 활동을 강조함으로써, 어린이들이 책읽기의 즐거움을 알기도 전에 '책을 읽으면 또 무엇인가를 해야 하는구나'라는 중압감을 갖게 합니다. 아무리 좋아하는 일이라도 억지로 하면 그 즐거움은 감소합니다. 그래서 프랑스 작가 다니엘 페낙이『소설처럼』에서 '아이들이 자연스레 책읽기에 길들게 하려면 아무런 대가도 요구하지 말아야 합니다.'라고 한 말은 인상 깊게 다가옵니다. 그림책 읽기가 아이들에게 즐거운 놀이가 되어야지, 무거운 숙제가 되어서는 안 됩니다. 중요한 것은 대화를 나누는 과정입니다.

　교사로서 살아가는 한 아이들과 소통하지 않는다면 교실 속 제 삶은 빛을 잃어갈지도 모릅니다.　그래서 아침독서 시간이 아니더라도 수업 시간 교과와 관련된 그림책을 읽어주고, 아이들과 이야기를 나누며 계속해서 대화와 마음을 나누는 공동체가 되려고 합니다.

　『짧은 귀 토끼』(다원시 글, 탕탕 그림/고래이야기)에서 아기 토끼 동동이는 자신의 짧은 귀를 단점으로 여깁니다. 그러한 단점을 여러 방법으로 극복하려 하지만, 결국에는 긍정적으로 자신의 단점을 받아들입니다. 오히려 단점 덕분에 멋진 재능을 발견하게 됩니다. 그 과정을 섬세하면서도 유머있는 그림으로 표현한 그림책을 도덕 시간에 아이들에게 읽어주고, 자신이 가진 강점에 대해 이야기를 나누었습니다.

　"키가 작아서 키 큰 사람들이 낮은 곳에 부딪힐 때 부딪히지 않는다."

　"머리숱이 많아 키가 커 보인다."

　"손이 작아서 쪼물쪼물한 것을 잘 만든다."

　아이들은 서로의 장점을 들으며 "맞아, 맞아." 하며 공감하고 박장대소하며 즐거워했습니다.

『노란 우산』(류재수 글, 신동일 그림 / 보림)은 글이 없는 그림책으로, 피아노곡이 수록된 음악 CD 한 장이 함께 들어있습니다. 귀로는 음악을 감상하며, 그림책 속 노란 우산을 따라 비 오는 날의 풍경을 상상할 수 있습니다.

국어 시간에 그림책을 함께 본 뒤, 자유롭게 이야기를 만들었습니다. 분명 똑같은 그림인데, 아이들이 찾아낸 세계는 다릅니다. 노란 우산을 노란색 UFO로 보기도 하고, 노란 우산을 쓴 아이가 되어 고민을 이야기하기도 하고, 유행가 가사를 그림에 맞게 개사하여 이야기를 만들기도 하고, 자신이 우산이 된 듯 쓴 글도 있습니다. 나도 그림책을 보고 떠오른 이야기를 만들어 들려주었습니다. 선생님의 이야기에 가만히 귀를 기울이던 아이들.

아이들은 그림책에 숨은 세계를 잘도 찾아내고 그림책을 통해 감췄던 자기 마음을 활짝 드러냅니다. 그런 아이들 앞에서 교사도 허물없이 속마음을 전할 수 있습니다. 그림책 '함께 읽기'는 교사와 학생이 깊은 교감을 할 수 있는 더없이 좋은 기회입니다.

지난 스승의 날을 앞두고 실시한 교원단체 설문조사에서 '교

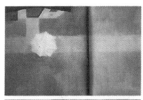

비오는날

비오는날 나는 사고를 쳤다
그래서 나는 엄마 깨어나기 진에
학교를 빨리간다

학교를 가고 집에오면

어떤 일이 일기날까고 믿는다
그런데 나는 혼나는게 선정이 서이기
않는다 왜냐하면 비오는날엔
비가 씻겨 내리듯이 머리에서
사라진다

사들이 가장 보람을 느낄 때'는 '학생과 마음이 통한다고 느낄 때'로 나타났습니다.(한국일보, 2015. 5. 14.) 그렇다면 그림책 함께 읽기를 통해 많은 교사들이 보람을 느끼고, 더 행복해질 수 있지 않을까요.

아이에게 그림책을 읽어줄 때, 실감 나게 읽어주는 데 쑥스러움을 느끼거나 어느 정도의 속도로 글을 읽어야 하는지, 어떤 질문을 해야 하는지 어려움을 느낄 수 있습니다. 일반적으로 아이들은 구연동화하듯 과장해서 연기하는 목소리에 훨씬 더 집중합니다. 그림책을 읽어줄 때 의성어, 의태어를 리듬감을 살려 읽고, 등장인물에 따라 목소리를 바꾸어 읽어주면 흥미를 느낍니다. 하지만 매번 과장되게 표현하지 않아도 괜찮습니다. 어떤 그림책은 조용하고 차분한 목소리로도 아이의 집중력과 상상력을 자극할 수 있습니다. 아이는 글보다 그림에 먼저 관심을 보이기 때문에 그림을 보이는 대로 설명해주거나 책 내용을 상황에 맞게 편집해 읽어주는 방법도 있습니다.

독서는 푹 젖는 것을 귀하게 여긴다. 푹 젖지 않으면 읽으면 읽는 대로 다 잊어버려, 읽은 사람이나 읽지 않은 사람이나 별 차이가 없다.

- 『스승의 옥편』(정민 지음 / 마음산책) 중에서

　한학자이자 독서가인 정민이 책에서 인용한 '이덕수의 독서론'은 책을 읽으면서 '더 빨리, 더 많이'를 좇는 사람들에게 의미 있는 조언입니다. 읽어주기에 급급한 나머지 책장을 넘기는 데 서두르기보다, 여유를 가지고 아이의 눈길이 머무는 장면에서는 충분히 음미할 수 있는 시간을 주도록 합니다.

　아이가 책 읽는 동안 긴장하게 되고, 부담을 느낄 수 있기 때문에 책을 읽어주는 도중에 내용을 잘 이해하고 있는지 확인하고 평가하는 식의 의도적인 질문은 하지 않는 게 좋습니다. 가장 중요한 건 책 읽어주는 사람부터 책읽기를 즐기는 것입니다.

책의 냄새, 책으로 가득한 공간,
책장을 넘기는 손길,
책 속 문장을 읽는 목소리,
그리고 함께 마주앉아 책을 읽는 시간,

무엇보다 좋은 건 그런 것들 속에 담긴 따스한 기억

일 년 열두 달, 책으로 피어나는 교실

3월, 시작은 언제나 눈빛

　　대학교 때 과학교과서에 나오는 개념을 이용하여 동시로 표현해보는 과제가 주어졌습니다. 친구와 기숙사 방바닥에 배를 깔고 누워서 교과서를 한 장 한 장 넘기다 당시 서로 좋아하던 사람에 대한 이야기로 과제는 뒷전이 되어버렸지요. 그러다 어둑해져서야 친구에게 이야기한 마음을 가지고 「복사」라는 동시를 지었습니다. 전도, 대류, 복사라는 열의 이동을 소재로 동시를 지으면서 연애편지를 쓰는 기분이었지요. 김용택 시인의 말처럼 "시를 짓지 않고 그냥 살다가 보면 시가 쓰여지던" 순간이었습니다. 그리고 그 동시가 거짓말처럼 과학교과서(두산동아)에 실렸어요. 아이들의 표현처럼 손발이 오그라드는 동시 「복사」의 전문은 이렇습니다.

74

꼭 손과 손을 잡아야 하는
'전도'가 아니었으면 좋겠다.

굳이 말과 말을 주고받아야 하는
'대류'가 아니었으면 좋겠다.

그저 눈과 눈을 마주쳐도 좋은
'복사'였으면 좋겠다.

무언가를 통하지 않고도
서로에게 닿을 수 있는

너와 나의 마음은
'복사'를 닮았으면 좋겠다.

 '눈과 눈을 마주쳐도 좋은 경험 있나요?'라는 질문에 고개를
끄덕일 수 있다면 '사람의 눈을 보면 마음을 알 수 있다'거나
'말하지 않아도 눈만 봐도 알 수 있다'는 문장에 "그거 뭔지 알
아요." 하고 대답할 수 있겠지요. 우리가 뭔지 아는 바로 그 순

간, 눈은 입보다 많은 말을 합니다. 눈빛으로 말이에요. 위로가
필요한 사람에게 어떤 조언이나 말보다 묵묵히 지켜봐주는 따
뜻한 눈빛이 큰 힘이 되고, 영화 속에서는 등장인물들이 주고받
는 눈빛들이 대사를 대신하기도 합니다. 때로는 언어나 스킨십
보다 강력한 소통이 되는 '눈'에 대한 그림책이 있습니다.

『눈』(이보나 흐미엘레프스카 지음 / 창비)은 눈의 가치와 본다는 것
과 볼 수 없다는 것에 대한 작가 특유의 철학적 시선이 돋보이
는 작품입니다. 책에는 두 개의 구멍이 뚫린 장면이 반복적으
로 나옵니다. 그 구멍들을 통해 보이는 그림은 마치 눈처럼 보
이지만, 책장을 넘기면 전혀 다른 그림이 나타나지요. 눈동자처
럼 보였던 부분이 사실은 꽃의 암술·수술이나 동그란 커피잔,
강아지의 코, 서랍장의 손잡이였습니다. 눈은 소중한 선물이고,
세상이라는 문을 열 수 있도록 도와주는 열쇠라는 걸 새삼 느
낄 수 있지요.

눈동자 그림만 보고 뒷장을 상상하다 보면 쿠키의 맛, 커피와
꽃의 향기, 선인장이나 털장갑의 감촉, 어린 새들이 우는 소리
같이 눈을 감아야 더 잘 보이는 것들을 '보게' 됩니다.

작가는 시각장애인 친구 집에 초대를 받아 갔다가 친구가 비
장애인과 다름없이 자연스럽게 행동하는 것을 보고 이 책을 만

들게 되었다고 합니다. 그래서인지 작가는 코와 꽃을 함께 그려 넣고, 보이는 사람은 눈으로, 안 보이는 사람은 향기로 꽃을 '본 다'며 이렇게 말합니다. 볼 수 있는 사람이나 보지 못하는 사람 이나 모두 살아 있다는 것을 행복해할 수도 있다고 말입니다.

교실 벽에 걸린 거울 속 나의 눈을 들여다봅니다. 아이들과 '눈맞춤' 하게 될 눈이, '내가 아는 게 정답'이라는 아집으로 가 득한 눈빛 말고, 마주친 사람을 얼음으로 만드는 차가운 눈빛 말 고, 이미 다 해 본 일이라는 식의 권태로운 눈빛 말고, 언제 마주 쳐도 좋은 눈빛이고 가슴에 남기고 새길 만한 눈빛이길.

> 방송에서 청취자는 어차피 어림짐작이지만 '단' 한 사람 같은 존재다. 수백만이 듣고 있을 수도 있지만, 각자 혼자 듣고 있거나 작은 그룹의 일원으로 듣고 있으며, 그 각자는 방송이 자기에게만 개인적으로 얘기하고 있다는 느낌을 받 는다. 혹은 받아야 한다.
>
> － 『나는 왜 쓰는가』(조지 오웰 지음 / 한겨레출판) 중에서

이 글을 읽은 뒤, 우리 반 아이들에게 이야기할 때 '나는 지금 너와 단둘이 대화하고 있다'는 느낌을 줘야 한다는 결론에 이 르게 됐지요. 눈맞춤을 통해서 말이에요.

새 학년 첫날 교실로 들어오는 아이들 눈빛에는 『어떡하지?』(앤서니 브라운 지음 / 웅진주니어)의 조처럼 새로운 출발에 대한 걱정과 두려움이 가득합니다.

"새 학년 선생님과 친해지려면 어떻게 해야 할까요?"

"새 학년 어떻게 하면 친구를 잘 사귈 수 있을까요?"

"새 학년 적응하기가 어려워요"

이런 글을 인터넷에 올리며 답을 찾는 아이들에게 조를 소개해주고 싶어요. 처음으로 친구 톰의 생일 파티에 가는 날, 초대장을 잃어버린 조는 엄마와 함께 톰의 집을 찾아 나섭니다. 하지만 설렘보다 앞으로 무슨 일이 벌어질지 걱정이 앞서지요.

"모르는 애가 있으면 어떡하지?"

"사람들이 엄청 많으면 어떡하지?"

"내가 싫어하는 음식들만 있으면 어떡하지?"

작가는 동화 『이상한 나라의 앨리스』와 화가 피터르 브뤼헐의 〈아이들의 놀이〉를 패러디해, 눈덩이처럼 점점 커져가는 조의 불안을 보여줍니다.

마침내 톰의 집을 찾은 조, 조는 파티를 즐길 수 있을까요? 조가 친구 집으로 사라지면 우리는 나와 같은 '어른아이' 한 명을 만날 수 있습니다. 괜찮다고, 걱정하지 말라고, 학교 가는 내내

조를 안심시키다, 막상 조를 들여보내 놓고

　'조가 괜찮아야 할 텐데, 속상해하면 어쩌지?'

하고 걱정을 하는 엄마가 있지요. 그 모습은 올해 초등학교에
입학하는 딸을 두고 적응을 잘 못하면 어떡하나 걱정하는 후배
같기도 하고, 새로 만난 아이들 앞에서는 의연한 척하지만 속으
로는 '올 한 해 잘 해낼 수 있을까' 걱정하는 저 같기도 합니다.
어른에게도 시작은 두렵고 긴장되고 낯설지요.

　새로운 시작 앞에서 울렁거리는 마음에 『어떡하지?』는 '너
만 그런 게 아니야. 처음은 누구에게나 어려워'라고 어깨를 토
닥입니다. 무엇보다 좋은 건, 어떤 일이 일어날지 모른 채 나쁜
상황을 걱정하는 우리에게 인생이라는 파티는 걱정했던 것보
다 훨씬 더 즐거운 일들을 선사하기도 한다는 점이에요.

　'처음' '첫' '시작'이라는 단어가 잘 어울리는 3월은 아이들에
게도 선생님에게도 '새 학년'이라는 도화지 위에 찍는 첫 번째
『점』(피터 H. 레이놀즈 지음 / 문학동네어린이)입니다. 주인공 베티는
그림에 별 소질이 없어 미술시간이 곤혹스럽습니다. 아무것도
그리지 못한 베티에게 선생님은 무엇이든 좋으니 하고 싶은 대
로 해보라고 합니다. 그러자 베티는 쥐고 있던 연필을 도화지
위에 그냥 내리꽂지요. 어릴 적 종이에 찍힌 점들을 순서대로

연결하면 공주나 기린이 나타났던 것처럼, 하얀 도화지에 찍혀 있는 그 작은 점 하나가 금테 액자에 끼우니 멋진 작품이 됩니다. 미술시간을 두려워했던 베티는 멋진 예술가가 되지요. 선생님의 따뜻한 시선이 베티에게 자신감과 무한한 가능성을 펼쳐 보일 수 있는 시작'점'이 되었던 셈입니다.

　그러니 내가 찍은 점이 미래에 언젠가 이어질 것임을 믿어야 하겠지요. 너를 환영한다는 따뜻한 눈빛이, 만나서 반갑다는 다정한 눈빛이, 우리 잘해보자는 뜨거운 눈빛이 우리의 시작이면 좋겠습니다. 3월 첫날 만나게 될 조와 베티에게 눈으로 말하고 싶습니다. 그래서 저는 첫 문장을 쓰기 위해 고심하는 작가처럼 그날의 눈빛을 자꾸만 생각하나 봅니다. 네, 그 모든 시작은 언제나 눈빛이었습니다.

4월, 너는 봄이고 꽃이다

기다리지 않아도 오고 기다림마저 잃었을 때도 오는 봄입니다. 더디게 더디게 마침내 올 것이 왔습니다. 봄의 시작을 알리는 입춘을 지나 개구리가 잠에서 깬다는 경칩마저 지났는데 여전히 추워 한동안 마음에 두 계절이 스쳤지요.

"선생님, 봄인데 왜 이렇게 추워요?"

아침에 교실로 들어서는 아이들 말에 진짜 '봄'은 언제 시작되는 걸까 궁금해졌습니다. 기상청의 '한반도 기후변화 전망 보고서'에 따르면 '1일 평균기온의 9일 이동 평균값이 5도 이상으로 올라간 뒤, 5도 이하로 떨어지지 않는 첫 번째 날'을 봄의 시작으로 친다고 하네요.

기온 말고 기억으로 계절을 나눠 보면 어떨까 싶었지요. 제게 이번 봄은 아이들과 손을 잡고 걸었던 날 시작되었습니다. 교실 창밖 어디에 봄이 숨어 있는지 아직 잘 보이지 않던 날, 아이들과 함께 운동장으로 나갔습니다.

"선생님이랑 손잡고 걷자."

우리 반은 처음으로 손에 손을 잡고 걸었습니다.

"그냥 뛰면 안 돼요?"

하던 아이들도 몇 걸음 걷다 쭈그리고 앉아 작은 벌레를 지켜보기도 하고, 축구 골대와 나무 기둥에 손을 대보기도 하고, 연못가 근처 팍신팍신한 흙길을 신발 끝으로 눌러 보기도 했지요. 그러느라 우리의 발걸음은 매우 느렸습니다.

그때 제 손을 잡고 있던 승호의 말.

"선생님, 공기를 먹어봐요."

공기를 '먹다'니요. 아이들의 표현에 마음이 몽글몽글해질 때가 있는데, 바로 그런 순간이었습니다.

저는 승호 앞에서 입을 크게 벌리고 숨을 한껏 들이쉬며 공기를 먹어보았습니다. 아직 차가운 공기 속에서 결이 다른 봄의 기운이 느껴졌습니다. 운동장 몇 바퀴를 걷고 나서 교실로 들어와 아이들에게 곧 피어날 봄꽃을 그려보자고 했지요.

예성이의 꽃그림 제목은 '겨울의 봄'이네요. 무슨 뜻이냐고 물었더니 그 아래 연필로 꾹꾹 눌러쓴 문장에 제 마음은 다시 몽글몽글.

"겨울에도 따뜻한 마음이 있기 때문입니다."

아, 아이들과 걷길 얼마나 잘했는지요. 그 후로 우리 반은 자주 함께 걷습니다.

걸어야 비로소 보이는 것들이 있습니다. 온몸의 감각을 열고 느리게 걷는 아이들 덕분에 봄을 보았고, 비 오는 날 택시를 타는 대신 우산을 쓰고 뚜벅뚜벅 걷다 가로등 아래서 먼지처럼 흩어지는 빗방울을 보았습니다. 낯선 나라를 여행할 때 걷는 것보다 매력적인 방법은 아직 찾지 못했습니다. 걷는 동안 마음속에 어지럽게 널려 있던 생각들이 정리되고, 평온해진 나를 만나기도 했습니다. 다리가 움직이는 순간, 마음도 따라 움직이지요.

더 작은 걸음으로 더 느리게 걷는 것은 자기 시간의 유일한 주인이 되는 것입니다. 자기와 다른 세계로 마음을 열어 놓는 것이고 세상의 침묵에 적극 동참하는 일입니다. (…) 봄과 여름 그리고 가을과 겨울, 그 시간의 소중한 떨림을 같은 길에서 다르게 보고 다르게 느끼는 것입니다.

－『걷기예찬』 (다비드 르 브로통 지음 / 현대문학) 중에서

『걷기 예찬』에서 얻은 공감을 아이들 눈높이에 맞춰 전할 수 있는 그림책이 있습니다. 『걸었어』(이정덕, 우지현 지음 / 청어람 주니어)는 아이들의 한 걸음 한 걸음이 정성스러운 바느질 한 땀 한 땀으로 수놓아져 있습니다. 엄마가 바늘에 실을 꿰어 달아준 단추를 만지작거릴 때처럼 따뜻해지는 촉감이 전해지는 그림입니다.

책 속 아이들에게 걷기는 신나는 놀이입니다. 해를 따라 반짝반짝, 길을 따라 멀리멀리, 나비 따라 팔랑팔랑, 물결 따라 넘실넘실. 2학년 『국어』 첫 번째 단원에 나오는 동시를 읽고 재밌는 표현을 찾는 활동에서 이 책을 읽어주면, 아이들은 짧은 시어로 표현된 다양한 걸음을 찾아내 알려주지 않아도 리듬을 붙여 읽습니다. 그저 걷는 게 즐거워서 걷는 아이들의 마음은 그림책 밖에서도 똑같죠. 민욱이가

"선생님, 오늘도 걸어요?"

라고 묻기에

"비 올지도 몰라."

이렇게 대답했지요. 그랬더니

"우산이 있잖아요!"

하고 대답하는 민욱이의 말에, 조금 전 제 대답이 잘못되었구나

싶어 웃음이 나왔습니다.

『걸었어』에도 걷다가 만나는 괴물을 보고 "사라져라, 괴물
아!"라고 씩씩하고 당당하게 외치는 민욱이의 모습이 나오지
요. 그리고 정호승의 시 「봄길」에는 미래의 민욱이가 나오지요.

        길이 끝나는 곳에서도

        길이 있다

        길이 끝나는 곳에서도

        길이 되는 사람이 있다

        스스로 봄길이 되어

        끝없이 걸어가는 사람이 있다

        강물은 흐르다가 멈추고

        새들은 날아가 돌아오지 않고

        하늘과 땅 사이의 모든 꽃잎은 흩어져도

        보라

        사랑이 끝난 곳에서도

        사랑으로 남아 있는 사람이 있다

        스스로 사랑이 되어

        한없이 봄길을 걸어가는 사람이 있다

                              – 「봄길」 (정호승)

아이들과 함께 걸었던 봄이 또 있습니다. 봄의 전령사라고 불리는 꽃들이 운동장에 지천으로 깔린 날, 6학년 아이들과 한 손에는 시 한 편을, 다른 한 손에는 연필을 들고 밖으로 나갔습니다. 사각형 교실에서 벗어났다는 사실에 신난 아이들과 봄 햇살 아래 동그랗게 둘러앉아 이야기꽃을 피웠지요.

"선생님도 너희들처럼 6학년이었던 때가 있었어. 공부하기 싫을 때도 있었고, 친구가 내 마음을 몰라줘서 속상했던 적도 있었고, 엄마의 잔소리가 듣기 싫을 때도 있었단다. 숙제 많이 내주는 선생님이 미울 때도 있지?"

자신의 마음과 닮은 까닭일까요. 조용히 귀 기울이던 아이들.

"오늘 우리가 함께 감상할 시는 꽃 피는 봄에 잘 어울려."

저는 도종환의 「흔들리며 피는 꽃」이 마음으로 읽히길 바라며 천천히 읽어 내려갔습니다.

흔들리지 않고 피는 꽃이 어디 있으랴
이 세상 그 어떤 아름다운 꽃들도
다 흔들리면서 피었나니
흔들리면서 줄기를 곧게 세웠나니
흔들리지 않고 가는 사랑이 어디 있으랴

젖지 않고 피는 꽃이 어디 있으랴

이 세상 그 어떤 빛나는 꽃들도

다 젖으며 젖으며 피었나니

바람과 비에 젖으며 꽃잎 따뜻하게 피었나니

젖지 않고 가는 삶이 어디 있으랴

－「흔들리며 피는 꽃」(도종환)

　이 시를 읽고 나서, 아이들이 얼마나 이해하고 공감하는지 궁금했지만 질문 대신 학교에 핀 봄꽃들을 둘러보며 '나는 지금 어떤 꽃인지' 동시로 표현해 보자고 제안했지요. 봄이 아이들에게 묻고, 또 물었습니다.

　"지금 너는 어떤 꽃이야?"

　아이들은 『거리에 핀 꽃』(시드니 스미스 지음 / 국민서관)에 나오는, 꽃을 보려고 걷다가 자꾸 멈추는 빨간 옷을 입은 아이처럼 꽃을 찾아 걸어 다니며, 자신과 교유하는 꽃을 발견하면 그 앞에 앉아 손으로 썼지요. 그때 찍은 아이들 사진을 보면 『거리에 핀 꽃』을 그린 화가가 어째서 아이와 꽃을 무채색 도시와 대비되게 색을 넣어 표현했는지 짐작이 갑니다. 아이들은 빨간 옷을 입은 아이가 그러했듯 전봇대 밑, 벽 틈새, 모퉁이처럼 누구도 관심을 두지 않는 곳에서 꽃을 발견해 가져왔습니다. 늦게 크는 꽃, 나 혼자 꽃, 작은 풀꽃, 공부하기 싫은 꽃, 씩씩한 꽃, 가수가 되고 싶은 꽃. 꽃 안에 아이들의 이야기가 있었습니다.

서로의 동시를 바꿔보며 교감하고 공감하며 서로를 보던 봄. 아이들과 제 마음을 사로잡은 동시 「시들어버린 꽃」을 들여다볼 때마다, 이 동시를 지은 아이가 꽃처럼 피어난 모습을 상상하고 응원하게 됩니다.

> 나는 시험 점수가 시들었다
> 나의 마음도 시들었다
> 우리 어머니 마음도 시들었다
> 하지만 언젠가 꽃이 다시 피겠지
> 그땐 나의 꿈도 다시 피겠지
> 꼭 피면 좋겠다

우리는 때로 단 한 순간에 여러 날, 여러 달, 여러 해 동안보다 더 많이 배웁니다. 그 봄에 우리는 꽃들은 저마다 다르다는 걸 배웠습니다. 어떤 꽃은 아주 조그맣고 소박하게 어떤 꽃은 크고 화려하게 피어나지요. 모양뿐만 아니라 피는 시기도 저마다 다른걸요.

　　꽃을 닮은 아이들 손에 쥐여주고 싶은 『나, 꽃으로 태어났
어』(엠마 줄리아니 지음 / 비룡소)는 팝업 그림책입니다. 이 책을 주
문해서 받은 날, 색의 조화를 고심해 만든 꽃다발을 받은 것처
럼 얼마나 행복했는지, 보고 또 들여다보았지요. 책장을 넘기는
일이 마치 꽃잎을 한 장 한 장 펴는 것처럼 조심스러운 설렘을
줍니다.

　　"난 한 송이 꽃으로 태어났어요"로 시작하는 꽃의 아름다운
고백 속에 담긴 삶을 향한 기쁨과 감사를 4월의 연두색을 닮은
우리 반 꽃들에게 전합니다. 이 말도 잊지 말아야겠습니다.

　　"너희들이 바로 봄이고, 꽃이다."

5월, 어머니 당신의 오월이 오면

　교내 메신저로 전송되는 '월간 교육 계획'은 그달 학교에서 일어나는 행사와 각 부서에서 추진하는 주요 업무, 그리고 출장이나 연수를 한눈에 볼 수 있는 교사의 달력 같은 거지요. 이 표를 받으면 학교의 새로운 달이 시작되었다는 의미입니다.

　집에서는 엄마가

　"세월 참 빠르다."

하면서 거실 벽에 걸린 달력 한 장을 뜯으실 때 새로운 달이 시작되었음을 알게 됩니다. 달력 앞에 선 엄마의 뒷모습과 함께 떠오르는 시가 있는데 들어보세요.

지나간 달을 넘기고
새 달을 받는다.

이 아침
나는 누구의 손길도 닿지 않은 서른 개의 깨끗한 날을 받
는다.

달걀 한 바구니처럼
굵고 소중한 선물.

어미 닭이 달걀을 품듯
서른 개의 날들이
서른 개의 꿈으로 깨어나게 될 일을
곰곰 생각한다.

― 「달력을 넘기며」 (권영상)

엄마는 달력에 아들 생일, 제사, 화장실 청소, 세탁소, '딸 오
는 날' 같은 말을 넣습니다. 엄마에게도 서른 개의 날들은 달걀
처럼 꿈으로 깨어날 선물일 텐데 싶어 처음으로

"엄마, 이번 달에 뭐 하고 싶어?"

라고 물었습니다. 그러고 보니 여태껏 엄마가 무엇을 간절히 꿈꾸었는지, 어떤 사람이 되고 싶었는지, 어떤 삶을 살고 싶었는지 물어본 적이 없다는 걸 깨달았습니다. 그런 생각을 하니까 엄마에 대한 미안함과 슬픔이 커졌습니다. 저처럼 엄마의 이야기를 제대로 물어본 적 없는 딸이라면 책 뒤표지에 적힌 글만 보고도 이 그림책을 펼쳐보겠지요.

우리 엄마는 무용가나 우주 비행사가 될 수도 있었어요. 어쩌면 영화배우가 될 수도 있었고요. 하지만 우리 엄마가 된 거예요.

- 『우리 엄마』 (앤서니 브라운 지음 / 웅진주니어) 중에서

"우리 엄마는 참 멋져요"로 시작하는 이 책 속의 엄마는 아이 눈에 마법의 정원사가 되었다가 착한 요정·천사·사자가 되기도 하고, 나비처럼 아름답고, 안락의자처럼 편안하고, 아기 고양이처럼 부드럽고, 코뿔소처럼 튼튼한 사람이 되기도 합니다. 사자처럼 으르렁 소리치는 엄마 모습에 예슬이가 번쩍 손을 들더니 하는 말.

"우리 엄마도 화나면 사자예요."

그러자 여기저기서

"우리 엄마도!"

"우리 엄마도!"

하고 외치는 아이들 모습에 한참을 웃다 책장을 넘기는데 이번에는 세호가 손을 번쩍.

"오늘 학교 마치고 엄마 생일 선물을 살 거예요."

무슨 선물인지 궁금해하는 친구들의 질문에 세호는 이미 선물을 손에 쥔 것처럼 기쁜 목소리로 답합니다.

"커피! 우리 엄마 커피 좋아하셔."

오늘 세호 엄마는 세상에서 가장 맛있는 커피를 마시겠네요.

상상만으로도 전염이 되는 행복, 앞자리에 앉은 상호의 작은 목소리가 그 행복을 크게 키웁니다.

"우리 엄마는 생일에 나만 있으면 된다고 하셨는데."

엄마와 아이가 꼭 껴안고

"나는 엄마를 사랑해요. 엄마도 나를 사랑한답니다! (언제까지나 영원히….)"

끝을 맺는 마지막 장을 넘깁니다. 아이들과 그림책을 보다 보면 그림 한 장에 아이들의 이야기가 여백에 그려지면서 더 큰 그림을 만드는 통에 마지막 장까지 오는 여정이 깁니다. 하지만 여정의 끝에서 우리는 알게 됩니다. 인생은 복잡하지만 진실은 아주 단순하고, 그림책은 간결하지만 늘 본질에 가깝다는 걸요. 『우리 엄마』는 가족은 사랑의 시작이고 완성임을 일깨웁니다.

가족 하면 '밥'이 떠오릅니다. 아버지의 퇴근에 맞춰 주방에서 분주히 밥을 짓던 엄마. 누군가는 소중한 것은 모두 '짓는다'고 했습니다. 집도 짓고, 글도 짓는 것이라고요. 하나 더 보태면 엄마가 가족을 위해 짓는 밥이 그럴 테지요.

찌개 끓는 소리, 생선 굽는 소리, 그릇 부딪히는 소리, 그리고 기다리던 소리.

"밥 먹자."

엄마 목소리에 책상에 앉아 숙제를 하던 여동생도, 바닥에 엎드려 한글 공부를 하던 남동생도, 내일 가져갈 준비물을 챙기던 저도 거실로 나와 둥근 상에 모여 앉았지요. 그 밥상에서 엄마는 손이 닿지 않는 반찬 그릇을 앞으로 옮겨 주셨고, 생선 가시를 발라 밥숟가락 위에 얹어 주셨고, 가족의 밥그릇이 비면 벌떡 일어나 밥을 퍼 주셨습니다. 그러느라 당신의 밥그릇을 가장 나중에 비우셨지요.

『우리 가족입니다』(이혜란 지음 / 보림)를 펼치면 아빠와 엄마, 어린 동생들과 둘러앉은 비좁은 밥상이 그리워집니다. 그림책 속 밥상 위에는 밥공기도 다섯, 수저도 다섯입니다. 작가의 어린 시절을 토대로 가족과의 추억을 담은 작품이라는 걸 알고 나니, 작가와 작품 모두 친밀감이 듭니다.

살림방이 딸린 작은 중국 음식점에서 아빠, 엄마, 남동생과 함께 사는 '나'에게 어느 날, 시골에서 떨어져 살던 할머니가 찾아옵니다. 치매에 걸린 할머니로 인해 가족의 일상은 엉망이 되고, '나'는 그런 할머니가 밉습니다. 묵묵히 할머니를 모시는 아빠의 모습을 지켜보면, 가족이 어떤 의미를 갖는지 새록새록 느껴집니다.

지난 '학부모 상담 주간'에 우리 반 아이들의 가족을 만났습니다. 학기 초 학부모 상담은 담임교사로서 학부모와의 공식적인 첫 만남으로 면담, 서면, 전화로 이루어지지요. 학생 개개인의 행동 특성, 학교생활, 교우관계, 가정생활 모습, 진로 등에 관해 엄마, 아빠, 할머니와 대화를 나누다 보면 아이 한 명, 한 명을 이해하는 데 큰 도움이 됩니다.

"수업 태도는 어떤가요?"

"발표는 잘 하나요?"

"친구들과 잘 어울려 지내나요?"

질문에 실린 부모님의 마음은 다르지 않습니다. 우리 반 아이들의 나이와 같은 나이의 나를 겹쳐보며 자연스레 어린 시절과 마주하는 것처럼, 지금 앞에 계신 학부모님과 또래였을 그리고 지금의 내 나이였을 엄마의 모습이 떠오릅니다.

하루하루 바쁘게 지내다 보면 엄마에게 전화 한 통 하는 것도 자꾸 밀립니다. 지켜야 할 것도, 책임져야 할 것도 많은 어른으로 살기 힘든 날, 문득 엄마 생각에 전화를 걸어 "엄마"라고 말하고, 엄마의 목소리를 들으면 따뜻한 위로가 됩니다. 그리고 언제나 부족하고 미안한 딸의 마음에 엄마의 화답은 늘 하나이지요.

"우리 딸 잘 커줘서 고마워."

항상 위안이 되는 엄마의 존재처럼 언제나 곁에서 따뜻한 위로가 될 그림책이 있습니다. 『언제나 널 사랑한단다』(이윤우 지음/비룡소)에는 아이 부엉이와 자식을 떠나보내고자 하는 부모 부엉이가 나옵니다. 훨훨 날아다닐 만큼 몸은 자랐지만 마음은 여린, 아이 부엉이에게 달님은 너는 혼자가 아니라고 알려줍니다. 네가 가진 좋은 것들은 엄마 아빠에게서 왔다고, 가족과 떨어져 있어도 언제나 마음은 함께라고 말입니다. 아마 아이 부엉이는 "언제나 널 사랑한단다." 하고 말해주는 가족의 마음을 지지대 삼아서 잘 자라겠지요.

2학년 국어 4단원 '생각을 전해요' 수업 중에 아이들에게 들으면 기분 좋아지는 말을 물었습니다.

"잘했어, 고마워, 할 수 있어, 괜찮아, 사랑해, 미안해, 힘내, 잘 될 거야."

아이들이 꺼내놓은 좋은 말들을 이번 달에는 엄마에게 꼭 전하고 싶습니다.

"엄마, 감사합니다. 그리고 사랑합니다."

6월, 우정이란 물음에 그림책이 답하다

우리 반 아이들과 이 글을 읽는 여러분과 함께 다시 보고 싶은 뉴스가 있습니다.

부산의 한 초등학교 운동회 날, 달리기 시합 중 전속력으로 달리는 6학년 아이들이 화면에 나옵니다. 그런데 2등으로 달리던 학생이 넘어져요. 제일 앞서가던 아이가 1등을 굳힐 수도 있고, 뒤에 오던 아이들은 순위를 올릴 수도 있는 상황이지요. 하지만 나머지 네 명의 학생들은 달리기를 멈추고 모두 넘어진 친구에게 다가갑니다. 그러고는 아파하는 친구와 함께 서로 격려하며 나란히 결승점으로 향합니다. 앵커는 이 뉴스를 전하기에 앞서 '이 보도를 보면 모처럼 입가에 미소가 번질지도 모르겠다'고 하지요. 이렇듯 입가에 미소가 번지는 이야기를 저도 알고 있습니다.

『모두가 일등인 야옹이 올림픽』(마스다 미리 글, 히라사와 잇페이 그림 / 뜨인돌어린이) 속 야옹이 올림픽에서는 달리고 싶을 때 달리고, 지치면 쉬었다 가고, 다시 시작해도 꼴등은 없지요. 경기에 참여한 모두가 1등 메달을 받습니다. 인상적인 점은 다른 선수를 도와줘도 된다는 것. 마스다 미리는 만화와 에세이로 알게되어 좋아하는 작가인데 그림책으로 아이들과 함께 만나게 되었습니다.

"도와줘도 괜찮다냥~"

"지치면 쉬었습니다 가도 괜찮다냥~"

고양이 울음소리를 흉내 내어 "~냥"으로 끝나는 문장을 읽다 보면 작가가 보내준 비밀 편지를 받은 행운아가 되지요. 거기에는 남보다 더 빨리, 더 많이 가져야 하는 각박하고 피로한 경쟁 사회에서 친구와 어깨동무를 하며 즐길 수 있는 방법이 담겨 있답니다.

야옹이 올림픽처럼 행복한 경기 이야기를 담은 그 뉴스의 제목으로 어떤 게 좋을까요? 기자가 지은 제목은 '1등보다 친구가 중요'입니다. 누가 먼저 결승점을 통과하는지는 중요하지 않은, 그래서 친구를 기다려줄 줄 아는 아이들의 모습을 보면서 학창 시절 저를 기다려주던 친구들의 얼굴이 떠오릅니다.

사람이 살아간다는 것이

누군가와 '관계'를 맺고 그 '관계 맺음'을 통해

소통과 교감을 나누는 과정이라면,

우리는 어렸을 적 친구들과

그 과정을 연습합니다.

아침에 책가방을 메고 우리 집 대문에서, 쉬는 시간 화장실 문 앞에서, 청소 당번인 날 복도에서, 선생님에게 불려갔을 때 교무실 창밖에서 고개를 빠끔히 들이밀고, 어려운 수학 문제가 이해될 때까지 연습장에 설명하고 또 설명하면서, 오해로 토라진 마음이 스르르 풀릴 때까지, 점심시간 도시락 뚜껑을 먼저 덮지 않고, 제가 늦거나 넘어져도 기다려주던 존재가 바로 '친구'였지요. 그 친구들과 함께한 시간은 언제 떠올려도 따스하게 번져와 마음을 포근하게 감싸 안는 기억입니다. 아이들의 우정이란 어른들의 우정보다 단순하고 명쾌해서 서로를 기다려주는 게 바로 '우정'이었던 셈이지요.

사람이 살아간다는 것이 누군가와 '관계'를 맺고 그 '관계 맺음'을 통해 소통과 교감을 나누는 과정이라면, 우리는 어렸을 적 친구들과 그 과정을 연습합니다. 경험을 했으면 더 많이 안다는 의미인데 어째서 터널 속을 지나 어른이 된 지금도 '관계 맺음'이 어려운 걸까요. 좋은 친구를 만드는 일도, 따뜻한 우정을 나누는 일도 어렵다고 느껴질 때면 '외롭다'는 감정이 따라붙습니다.

얼마 전, 클레이 라이스의 그림책 『외로운 그림자』를 읽었습니다. 검은 종이를 오려 만든 독특한 실루엣 아트 기법으로

표현된 그림책인데, 아이의 모습을 한 외로운 그림자가 길을 걸
으며 노래를 부르는 장면이 인상적이었습니다.

> 나에겐 네가 없고
> 너에겐 내가 없어,
> 너와 나 우리에겐 우리가 없어,
> 하지만 내가 널 찾을 수 있다면
> 네가 날 찾을 수 있다면
> 우린 늘 행복할 거야.
>
> – 『외로운 그림자』 (클레이 라이스 지음 / 같이보는책) 중에서

같은 소리는 서로 응하고, 같은 기운은 서로 찾는다고 했나
요. 마을과 숲에서도 짝을 찾지 못했던 그림자는 놀이터에서 드
디어 자신과 똑 닮은 친구를 만납니다. 그 아이와 뛰어놀고, 나
란히 잠자리에 들면서 그토록 갈망하던 행복을 누리지요. 혼자
부르던 노래가 달라졌습니다.

> 나에겐 네가 있고
> 너에겐 내가 있어,
> 우린 언제나
> 함께 있을 거야.

좋은 친구와 함께하는 행복은 얼마나 크고 소중한지, 마음이 기꺼이 감응한 까닭일까요. 이 노래를 들으면 제 기분도 최고조에 달합니다. 외로운 그림자는 어떻게 친구를 사귀었을까요. 사교 기술을 배우기 위해 마술이나 웅변, 연기 학원에 자녀들을 보내는 학부모들에 대한 글을 본 적이 있습니다. 대인관계에서 자신감을 키워주고 왕따를 예방하는 것이 목적이라고 하지만, 세련된 기술이나 특별한 비법으로 친구를 만들 수 있다면 이 세상 외로움의 양은 지금보다 훨씬 줄어야 하지 않을까, 하는 생각이 듭니다. 선생님도 엄마도 아이의 손에 친구를 쥐여줄 수 없습니다. 하지만 아이가 먼저 좋은 친구가 되는 법을 일깨워줄 수는 있지요.

친구들과 잘 어울리지 못하던 우리 반 세진이가 좋아하는 일은 색종이접기입니다. 세진이에게 함께 종이접기하고 싶은 친구가 누구냐고 살짝 물었지요. 세진이에게 색종이를 건네며 그 친구에게 함께 종이접기를 하자고 말해보지 않겠냐고 했습니다. 그 뒤 세진이에게는 종이접기 책을 사이에 둔 채 머리를 맞대고 색종이를 접는 짝이 생겼답니다.

어린 시절 접었던 종이비행기나 종이배는 아니지만, 제게는 '이십대'라는 종이접기를 함께한 친구가 있습니다. '이십대'라는 모형은 딱히 도안이 있는 게 아니어서 그 친구와 저는 종이를 접었다 오렸다 폈다 하기를 수없이 반복해야 했지요. 원하는 모형이 나올 때까지 기다려주고, 응원해주는 친구가 곁에 있다는 게 얼마나 다행이었는지요. 제게 없는 색상과 질감의 종이를 아낌없이 나누어준 그 친구 덕분에 저는 반짝이는 이십대를 만들 수 있었습니다. 그 친구는 제게 반짝이 비늘을 하나씩 뽑아서 나누어 주는 '무지개 물고기'였지요. 그림책을 펼쳤더니 이런 문장이 나왔습니다.

> "고마워! 정말 고마워!" 파란 꼬마 물고기는 좋아서 물거품을 보글보글 내뿜으며 반짝이 비늘을 파란 비늘 사이에 끼웠지.
>
> ─『무지개 물고기』(마르쿠스 피스터 지음 / 시공주니어) 중에서

우리는 서로의 비늘을 나누어 가지면서 비로소 '참 좋은 친구를 만났다'고 말할 수 있지 않을까요.

외로운 그림자가 물었습니다.

"우정이란 무엇인가?"

그림책이 답했습니다.

"우정이란 그런 것입니다. 어쨌든 기다려주는 것. 그리고 함께하고 나누는 것."

7월, 여름은 어디 있나요

『참을 수 없는 존재의 가벼움』(밀란 쿤데라 지음 / 민음사)의 여주인공 테레자는 다른 사람을 알아볼 때 책을 아주 중요하게 생각합니다. 그녀와 차 한 잔을 두고 마주앉으면 분명 이렇게 물을 것만 같습니다.

"책 좋아하세요?"

그러면 저는

"네!"

라고 답하고 그녀의 호감을 살 수 있을까요. 이런 질문은 어떤가요.

"여름 좋아하세요?"

2학년 통합교과 『여름』의 첫 장을 넘기며 아이들에게 물었습니다.

"봄, 여름, 가을, 겨울 중 뭐가 제일 좋아?"

여름에 손을 번쩍번쩍 드는 아이들. 어느 계절을 가장 좋아하냐고 물으면 겨울이라고 망설임 없이 대답하는 전 앞으로의 긴 여름을 어떻게 보내야 하나 걱정이 앞서는데, 왜냐고 물을 수밖에요.

그러자 교실의 공기는 한여름밤의 꿈처럼 한껏 들뜹니다. 물놀이, 수박, 여름방학, 아이스크림, 바다, 팥빙수, 물총 놀이, 계곡, 매미 소리. 칠판에 아이들의 대답을 하나씩 써 내려가며 이런 기세라면 '여름이 좋은 이유 100가지'도 문제없겠구나 싶을 무렵. 굳이 100까지 갈 필요도 없다는 듯 등 뒤로 태준이의 목소리가 들립니다.

"그냥요! 그냥 좋은데."

그냥 좋은 게 가장 좋은 거라는 듯 태준이는 아주 열심히 여름을 살아냅니다. 저처럼 얼굴이 탈까 봐, 땀으로 축축해질까 봐 염려하지 않고 뜨거운 태양 아래 운동장을 이리저리 뛰어다니지요.

푹푹 찌고, 끈적끈적 들러붙는 여름이 주는 감각을 온몸으로 받아내는 태준이의 마음은 초등학교 시절 부른 동요 중에서 지금까지도 기억나는 「파란마음 하얀마음」의 그 파란색일 것만 같습니다.

> 우리들 마음에 빛이 있다면
> 여름엔 여름엔 파랄 거예요
> 산도 들도 나무도 파란 잎으로
> 파랗게 파랗게 덮인 속에서
> 파아란 하늘 보고 자라니까요
>
> － 「파란마음 하얀마음」 (어효선 작사, 한용희 작곡) 중에서

그런데 이건 『여름을 주웠어』 (한라경 글, 박수예 그림 / 책내음)를 펼치면 첫 장에 보이는 색이기도 합니다. 여름의 빛은 파란색이라는 것.

시골 할머니 댁에 간 별이를 따라가면 '여름'을 주제로 한 질문들과 만나게 됩니다.

"할머니네 마당에는 누가 살까요?"

"할머니의 보자기 속에는 무엇이 들어 있을까요?"

"할머니네 광 속에는 무엇이 들어 있을까요?"

"여름철 계곡에는 누가 살까요?"

"할머니 가방 속에는 무엇이 들어 있을까요?"

궁금해하는 아이들과 할머니 보자기 속, 가방 속을 들여다보며 여름을 주워 담는 재미가 쏠쏠합니다. 감자, 매미, 모기, 반딧불이, 참외, 자외선 차단제, 밀짚모자, 봉숭아, 가재, 열무김치, 산딸기, 비름나물, 곰취 꽃.

할머니가 서울로 돌아가는 별이 엄마 손에 바리바리 까만 비닐봉지를 쥐여 주는 장면이 나옵니다. 엄마가 쥐여 준 비닐봉지라면 무슨 생각이 드나요? 저는 '반찬' 생각부터 듭니다. 다 큰 딸이 밥 잘 챙겨 먹는지 늘 걱정이신 엄마가 '여름에는 이게 최고'라며 담아주신 오이지. 입맛이 없을 때 꼬들꼬들한 오이지무침이면 밥 한 그릇 뚝딱이지요.

제게 책 속에 그려진 오이지가 반가운 것처럼, 아이들은 별이 할머니 가방 속에서 찾은 부채가 반가운 모양입니다. 며칠 전, 종이부채에 그림 그리기를 했습니다. 진로교육과 연계하여 자신의 꿈이 그려진 부채를 만드는 시간,

"선생님, 지후는 이상한 그림 그리고 있어요."

하는 지후 짝꿍의 말에 지후에게 다가갔습니다. 경찰관, 의사, 가수와 같은 꿈이 그려진 친구들의 부채와 달리 지후의 부채에

는 바다 위에 둥둥 떠 있는 사람의 모습이 그려져 있었지요.

"내 꿈은 누워서 파도타기인데."

멋쩍은 목소리로 이렇게 말하는 지후. 그림이 이해되는 순간, 멋진 꿈을 가진 지후에게 보여주고 싶은 그림책이 떠올랐습니다. 『수박 수영장』(안녕달 지음 / 창비)은 수박과 물놀이, 우리 반 아이들이 여름이 좋은 이유로 꼽은 것들이 담긴 그림책입니다.

사람이 수박에 반쯤 몸을 담그고 있는 표지 그림을 보고 아이들이 저마다 한마디씩 합니다.

"제목으로 수박 온천도 어울려요."

"수박 목욕탕도!"

하면서 해맑은 웃음을 터뜨렸습니다. 그림책을 보면서 친구들이 상상하는 것들에는 아무도 "이상해." 또는 "에이, 그게 말이 돼?"라고 하지 않습니다. 그래서 그림책을 함께 보는 동안 우리는 마음껏 상상하고 끊임없이 이야기를 나눌 수 있지요.

수박 수영장은 햇볕이 쨍쨍한 무더운 여름에만 개장합니다. 동그란 수박을 쩍 하고 반으로 쪼개어 할아버지, 할머니, 아저씨, 아줌마, 아이, 휠체어를 탄 친구 할 것 없이 모두가 함께 어울려 물놀이를 즐기는 모습에는 작가의 따뜻한 시선이 담겨 있습니다.

서걱거리는 수박 살, 붉고 투명한 수박 물로 가득한 수영장 안에 들어가 몸을 담그면 어떤 느낌일까요. '첨벙첨벙'이 아니라 '석석석석'으로, '풍덩'이 아니라 '썩!'으로 수박 특유의 질감을 제대로 표현해낸 그림책을 보는 내내 커다란 수박 속에 있는 듯합니다. 수박껍질 미끄럼틀, 구름 양산과 먹구름샤워. 한 통을 사서 가족이 둘러앉아 풍족하게 나눠 먹을 수 있는 수박처럼 나눌 게 많은 그림책입니다.

수박 수영장에 찾아온 어두운 밤을 밝히는 반딧불을 보고
"『여름을 주웠어』에 나오는 반딧불이다!"
라고 대단한 보물을 발견한 것처럼 즐거워하는 아이들.

찾아보고 발견하는 즐거움을 주는 그림책이 또 있습니다. 『수잔네의 여름』(로트라우트 수잔네 베르너 지음 / 보림큐비)은 책을 쭉 펼치면 4미터나 되는 병풍처럼 변합니다. 각 계절의 특징을 살린 '수잔네' 시리즈 중 한 권인 여름은 어느 독일 마을 사람들의 일상생활 모습을 글자 없이 그림으로 묘사하고 있습니다.

아이들과 시골과 기차역, 시내, 백화점, 공원으로 이어지는 그림 속에서 등장인물을 찾아봅니다. 혼자라면 못 보고 지나갈 뻔한 이야기를 찾아낸 서로에게 감탄하면서 말이죠.

『수잔네의 여름』을 들여다보며 아이들과 숨은그림찾기를
하다 보니 1980~1990년대에 크게 유행하였던 『월리를 찾아
라!』가 떠올랐습니다. 그 책의 원제가 『Where's Wally?』이지
요. 'Where's Summer?(여름은 어디 있나요?)' 눈을 크게 뜨고, 지
금 내가 어떤 계절을 사는지, 어떤 변화들이 일어나는지 한번
살펴보세요. 그러면 수박과 오이지처럼 일상 속 모든 것들이 말
을 걸어올 테니까요.

이런 과정은 『나의 문화유산답사기』 서문에 적혀 있습니다.

알면 보이고, 보이면 사랑하게 되나니,
그때 보이는 것은 이미 예전과 같지 않으리라.
－『나의 문화유산답사기』 (유홍준 지음 / 창비) 중에서

아이들과 계절이 담긴 그림책을 들여다보는 한, 계절에 무감
각해지는 마음을 갖기는 아무래도 어렵습니다.

8월, 삶은 여행이어라

언제 들어도 기분 좋은, 두 글자로 된 단어 하면 뭐가 떠오르나요? 저는 '독서'와 '여행'이에요. 설레던, 따뜻하던, 부풀던, 벅차오르던, 때로는 졸이던, 막히던, 애태우던, 답답하던. 둘은 삶을 생생하게 음미할 수 있는 감정의 종합선물세트처럼 닮은 구석이 있습니다. 그래서 이 문장은 타당합니다.

"세상은 한 권의 책입니다. 여행하지 않는 이는 이 책의 한 페이지만을 읽을 뿐입니다."

이런 글을 읽고 고개를 끄덕이다가, 서둘러 배낭을 꾸려 어디로든 떠나야 할 것만 같은 8월입니다.

당장 떠날 수 없다면, 우리는 책을 펼칠 수도 있습니다. 『여행 그림책』(안노 미쓰마사 지음 / 한림출판사)은 비행기를 타지 않고

도 우리를 중부유럽, 이탈리아, 영국, 미국, 스페인으로 데려다
줍니다. 글 없이 그림으로만 이루어진 책을 들여다보고 있으면,
타지의 풍경을 바라보는 호기심 많은 여행자가 됩니다. 세계
각국을 여행한 작가의 경험을 바탕으로 그려진 그림에는 명화
나 유명한 동화의 한 장면과 같은 '비밀'들이 가득 숨겨져 있답
니다. 낯선 곳을 걷는 여행자의 자세로 천천히, 가까이, 오래 들
여다볼수록 더 잘 보이지요. 작가는 자신이 다녀온 여행을 담은
이 책으로 '그림책의 노벨상'이라는 안데르센상을 수상하였습
니다.

안노 미쓰마사와 안데르센도 닮은 구석이 있습니다. 바로 여
행. 안데르센은 생애 대부분을 해외여행으로 보내고, 일생에 걸
쳐 모두 200여 편에 달하는 동화를 썼습니다. <인어공주>, <미
운 오리새끼>, <성냥팔이 소녀>, <벌거벗은 임금님>, <엄지 공
주>, <눈의 여왕>. 여행이 낭만과 환상을 넘나드는 안데르센의
세계를 만든 건 아닐까요. 그러니까 '그곳을 여행했어.'라고 할
때의 과거시제는 아직 끝나지 않은 이야기입니다. 눈에 보이든,
눈에 보이지 않든 사라지지 않기 때문이지요. 거꾸로 말하면,
모든 여행은 어떤 걸 남깁니다. 그림이나 글이든, 사진이나 사
람이든, 기억이나 추억이든.

　오래전, 호주에 다녀온 후 쓴 글을 보면 시간이 흐른 지금도 그곳의 풍경이 주는 냄새와 소리와 감촉이 살아납니다. 반년 가까이 호주에 머무는 동안 샌드위치와 돗자리가 든 배낭을 메고, 공원에 가는 건 소박하지만 가장 확실한 행복이었습니다. 그곳은 온통 초록. 이름을 모르는 수많은 종의 나무는 '초록'이라는 하나의 이름으로 불려도 개의치 않겠다는 듯 저마다 푸르렀지요. 그 나무들은 공원을 찾은 사람들에게 이것저것 하라고 등을 떠밀지 않고, 쉘 실버스타인의 <아낌없이 주는 나무>에 나오는 나무처럼 그저 편히 쉬라고 권했습니다.

　『나 하나로는 부족해』(피터 H. 레이놀즈 지음/비룡소)에 나오는 레오는 너무너무 바쁩니다. 일을 해도 해도 언제나 할 일이 넘쳐나는 레오도, 학교가 끝나고 밤늦게까지 학원에 다니는 아이들도, 매일매일 이어지는 야근과 업무에 바쁜 어른들도 '몸이 열 개라도 부족해'라는 말을 합니다. 말 그대로 '몸이 열 개'가 된 레오. 그래서 레오는 여유로워졌을까요. 진짜 레오가 풀밭에 등을 대고 누워 하늘을 향해 혼자 누워있는 장면이 나옵니다. 풍부해진 책 속의 여백에서 레오의 마음을 느낄 수 있지요. 호주의 그 공원 풀밭에서 책을 보다 레오처럼 하늘을 향해 누워있으면 시간의 흐름을 짐작할 만한 건 오직 구름의 전개뿐. 평소에는 아무것도 하지 않으면 시간을 허비하고 있다는 생각에 초조하고 불안했는데, 그때만큼은 아무것도 하지 않을 수 있는 무위의 재능이 내게도 있구나 싶었습니다. 그러다 보면 나무를 닮은 푸른 마음이 되곤 했지요. 호주에서 사는 것 그리고 호주를 여행하는 것은 다르면서 같았습니다. 호주에서 산다는 건 이를테면 이런 거였지요. 도서관 회원으로 가입해 대출한 책을 여유 있게 읽은 후 반납하고, 그 도서관에서 열리는 저자와의 만남 시간을 갖고, 한 번도 들어보지 못한 작가의 인생사나 작품 이야기를 들으며 그에게 친근함을 느끼고, 지도에도 자세히 나와 있지 않은 골목골목을 찾아 천천히 걸어다니는 일이었습니다.

호주에서 산다는 건 또 이런 일이기도 했습니다. 복잡하고 낯선 버스 노선표에서 집으로 가는 버스 번호를 찾고, 핸드폰을 개통하고, 더 저렴한 마트를 찾기 위해 발품을 팔고, 그 마트가 몇 시에 문을 열고 닫는지 기억하고, 화장실의 다 쓴 휴지와 치약을 바꾸고, 쓰레기 분리수거를 하는 일이었지요.

한국에서의 일상과 닮은 듯, 당연한 듯한 것들이 새롭거나 재밌거나, 놀랍거나 신기하게 느껴졌던 걸 보면, 어쩌면 여행은 완전히 새로운 곳으로 떠나는 모험이 아니라, 너무 가까이 있어 익숙해질 대로 익숙해져 쉽게 잊고 지냈던 일상 속의 울림을 다시금 새로이 하는 일이 아닐까 생각했습니다. 어떤 곳에서 살아보지 않으면 도무지 알 수 없는 것들. 그건 다름아닌 가이드북에 나와 있지 않은 소중한 일상이었으니까요. 그러니 우리 모두는 어디서든 머무는 여행자가 될 수 있고, 지금 이 순간도 가장 멋진 여행이 되기에 부족함이 없습니다.

　숲속, 우두커니 창밖을 보던 한 남자가 큰 결심이라도 한 듯 나무로 지은 오두막을 뜯어 긴 나무다리를 만들어 여행을 떠납니다. 바로 여기서 『멋진, 기막히게 멋진 여행』(마티스 더 레이우 지음/그림책공작소)은 시작됩니다. 바다로, 열대우림으로, 눈 쌓인 산과 북극을 지나 도시로 여행을 마치고 다시 돌아온 오두막에 앉은 남자를 둘러싼 세계는 무채색에서 다양한 색깔로 바뀌어 있지요. 그가 여행 속에서 보고, 듣고, 느낀 것들이 '색깔 있는 삶'을 만들었습니다.

　여행은 종종 삶에 대한 비유로 쓰이기에, 여행에 대해 말하는 그림책을 보며 나의 삶에 대해 생각하게 됩니다. 오늘도 계속되는 이 여행은 어디쯤일까. 여행지에서 '내가 언제 여기를 다시 찾게 될까' 하는 마음으로 삶을 여행한다면 지금은 단 한 번뿐. 그러니 이 여행이 끝났을 때 그림책 속의 남자처럼 말할 수 있다면 더없이 좋겠습니다. "멋진 여행이었어!"

9월, 그저 좋은 쪽으로 변하기를

책은 그 자체로도 좋지만, 책을 둘러싼 것들도 꽤 좋잖아요. 책의 냄새, 책으로 가득한 공간, 책장을 넘기는 손길, 책 속 문장을 읽는 목소리, 그리고 함께 마주앉아 책을 읽는 시간. 하늘도 그 자체로 좋지만 별과 해와 달, 구름, 비, 눈도 참 좋습니다. 그리고 무엇보다 좋은 건 그런 것들 속에 담긴 기억입니다.

뜨거운 여름이 끝나고, 그만큼 뜨겁던 청춘도 끝나고, 그보다 뜨겁던 사랑도 끝났다는 사실을 깨닫게 되는 그런 밤길에 고개를 들어 하늘을 보니 초승달이 있었습니다. 국어 시간에 배운 공감각적 표현이라는 말의 뜻을 명확히 알겠더군요. 문학소녀를 떠올리게 하던 단발머리 국어선생님이 '나비 허리에 새파란 초승달이 시리다'는 구절을 설명하시면서,

" '초승달'이라는 시각적 대상을 '시리다'는 촉각적 이미지와
연결해 놓은 '공감각적 표현'이지."

라고 했을 때, 김기림의 「바다와 나비」에 빨간색 밑줄을 긋던
그 순간으로부터 십 년이 훌쩍 지난 밤길에 말이지요. 국어 시
험에 공감각적 표현을 묻는 문제가 나온다면, 이제 저는 지식이
아닌 기억을 쓸 수 있습니다. 여름에서 가을로 바뀌는 밤길에
바라본 시린 초승달 같은 거라고.

한용운의 시 속에도 밑줄을 긋고 싶은 문장이 있습니다.

간 해에는 당신의 얼굴이 달로 보이더니, 오늘 밤에는 달
이 당신의 얼굴이 됩니다.

– 「달을 보며」(한용운) 중에서

당신의 얼굴이 되는 달이라면, 보름달이 떠오릅니다. 6학년
아이들 스무 명과 2박 3일 캠프를 갔습니다. 두 번째 밤, 아이들
의 취침 시간이 지나고 방으로 돌아와 보니 누가 불을 켜놓은
것처럼 환하더군요. 보름달이었습니다. 조용히 방을 나왔습니
다. 너무나 고요하고 평온한 밤, 새삼 이 세상이 무척 아름답다
는 생각이 들었지요. 아이들을 인솔하면서 긴장 속에 보낸 시간
을 보상받고도 남는 듯한 기분이었습니다.

그때 "선생님" 하고 속삭이는 목소리에 깜짝 놀라 돌아보니 아이들 서너 명이 창문 사이로 빼꼼히 고개를 내밀었습니다. 휘영청 달빛 아래 별처럼 반짝이는 눈빛을 하고서 말이에요.

"너희들 안 자고 뭐해."

질문 아닌 훈계를 하는 제게

"선생님은요?"

하고 여전히 속삭이듯 묻는 아이들. 그래서 제 마음도 보름달처럼 둥글어졌습니다.

"보름달 봐."

라고 했더니 한 녀석이

"같이 봐요, 선생님."

했지요. 저는 혼자 놀이터에서 놀다 '같이 놀자'라는 말을 들은 아이처럼 좋았습니다. 우리는 멀리 가지 못하고 숙소 앞 계단에 쪼르르 앉아 약속대로 조용히 보름달을 올려다보았지요. 그러다 소원을 빌자는 누군가의 제안에 누가 먼저랄 것도 없이 눈을 감던 아이들. 보름달만큼이나 착하고 환한 아이들의 기운에 전염되어 저도 소원 하나를 빌었습니다. 그때 또 제 마음을 둥글게 만드는 속삭임.

"선생님, 저는 선생님 행복하게 해달라고 빌었어요."

빌자마자 이루어지는 기적 같은 소원. 이 세상에 나의 행복을 비는 사람이 있다는 걸 알게 된 사람이라면, 이 말이 무슨 뜻인지 잘 알 것입니다.

"밤하늘을 올려다봐. 달이 떠 있지."

『도둑맞은 달』(와다 마코토 지음 / 아름다운사람들)의 작가가 말하는 달 이야기는 우리가 목격한 것처럼 생생합니다. 어느 날 갑자기 밤하늘에서 달이 사라지지요. 한 남자가 혼자 달을 독차지하기 위해 긴 사다리로 달을 따서 상자에 보관하고, 이 광경을 몰래 지켜보던 도둑은 그것이 대단한 보물인 줄 알고 남자가 잠든 사이 달이 담긴 상자를 훔쳐갑니다. 하지만 그날이 마침 그믐이라 상자 속에는 아무것도 없었지요. 도둑은 상자를 버리고, 이번에는 하프를 타는 여자가 상자를 주워 속에 들어 있던 초승달로 하프를 만듭니다. 달로 만든 하프가 내는 아름다운 음악으로 유명해진 여자는 달이 쓸모없는 보름달로 변하자 화를 내며 바다에 던져 버립니다. 달의 수난은 끝나지 않았습니다. 바다에 버려진 달을 물고기가 먹고, 그 물고기를 동시에 잡은 두 나라는 서로 달을 양보하지 않는 상황. 이 이야기에는 저와 함께 보름달을 보던 녀석들처럼 착하고 환한 아이들이 나옵니다. 아이들은 어떻게 달을 하늘로 돌려보낼까요.

책장을 넘기면 넘길수록 아이들은 신기해하는 표정을 감출 수 없습니다. 이 그림책에는 달과 관련된 별의별 이야기들이 다 있으니까요. 다른 나라 말로 달을 뭐라고 부르는지, 달 표면을 보고 사람들이 떠올린 형상은 어떤 것들인지부터 시작해서, 지구에서는 달의 한쪽 면만 볼 수 있고, 지구에서 생기는 밀물과 썰물은 달의 인력 때문이라는 과학적 사실까지. 책을 덮은 후 달을 보면 우리 모두의 달로 거기 있어 주어 참 다행이라는 고마움을 담고, 이야기는 계속되지요.

국립민속박물관에서 편찬한 『한국세시풍속사전』에서는 추석(秋夕)을 글자대로 풀이하면 '가을 저녁', 나아가 '가을의 달빛이 가장 좋은 밤'이라는 뜻으로 추석은 달이 유난히 밝은 명절이라고 하네요.

제가 태어나기도 전에 조부모님이 돌아가시고, 아버지 형제가 안 계셨던 우리 집은 조용한 추석을 보냈습니다. 그러다 '달빛이 가장 좋은 밤'이 되면 밖으로 나가 동생들과 달 속의 토끼 찾기 놀이를 하다 소원을 빌었지요. 엄마는 꼭 소리 내어 소원을 말씀하셨는데, 언제나 우리 가족의 건강을 바라는 내용이었습니다. 아빠, 엄마, 동생들과 보름달 아래 서 있으면 마당에는 순한 달빛이 가득했습니다.

빠르게 지나간 그 시절은 『솔이의 추석 이야기』를 통해 되
살아납니다. 추석을 앞두고 고향 갈 준비로 들뜬 사람들의 모
습, 막혀서 도대체 움직일 줄 모르는 도로 위의 차들, 가족과 둘
러앉아 빚는 송편, 햅쌀로 만든 음식과 햇과일로 정성껏 지내는
차례, 꼬불꼬불 산길을 따라 성묘 가는 길, 마을에 울려 퍼지는
풍물 소리. 시골에 할머니 댁으로 추석을 쇠러 가는 솔이의 설
렘과 귀향길 풍경이 함께 담긴 그림으로 마음이 넉넉해집니다.
많이 변해버린 우리나라의 명절과 문화를 어떻게 아이들에게
온전히 전해 줄 수 있을까 고민하다 알게 된 책이라 더 반갑습
니다.

달 떠 온다 달 떠 온다
누가 먼저 저 달 볼까 어서 가자
옥토끼도 순이도
가슴에 담아 두었던 소원 하나씩 꺼내
달님에게 빌어요.
'달님, 우리 엄마 얼른 낫게 해 주세요.'
'달님, 이다음에 순이한테 장가들게 해 주세요.'

－『더도 말고 덜도 말고 한가위만 같아라』
(김평 글, 이김천 그림 / 책읽는곰) 중에서

다가오는 한가위, 달님을 보며 무슨 소원을 빌 건가요? 『더도 말고 덜도 말고 한가위만 같아라』에 나오는 주인공처럼 병을 낫게 해달라는 소원이든, 사랑이 이루어지게 해달라는 소원이든, 어떤 소원이든 그저 좋은 쪽으로 변하기를 바라는 마음은 누구나 같겠지요. 그러니 사전의 '추석' 항목에는 '그저 좋은 쪽으로 변하기를 바라는 마음이 보름달처럼 꽉 찬 날'이라는 설명을 덧붙여도 괜찮겠지요.

10월, 시월의 어느 멋진 날에

"수학책 24쪽 펴세요."

라고 말했더니 창가에 앉은 예성이가 말했습니다.

"선생님, 바람이 책장을 넘겨줬어요."

열린 교실 창문으로 들어온 바람. 누군가 그의 목소리를 듣지 않는다면 살아남을 수 없는 것들이 있지요. 예성이 덕분에 바람이 교실에서 살아 움직입니다. 책상 위 교과서를 넘기고, 아이들 머릿결을 가지고 장난치고, 벽에 붙여 놓은 도화지를 간지럽히고, 종내는 우리들 마음을 잡아끕니다.

"여기서 뭐 해. 어서 밖으로 나가자."

그리고 덧붙입니다.

"가을이잖아."

바람이 이끄는 대로 운동장으로 나가 보니, 가을이 뭉게구름을 타고 와 있었습니다. 지금은 구름의 목소리에 귀 기울일 차례.

"이번 시간에는 하늘에 떠 있는 구름을 관찰하고 그려보자."

하얀 종이가 바람에 날아갈까 크레파스로 꾹 눌러놓고 고개를 들어 하늘을 보는 승민이, 운동장에 대자로 누운 세혁이, 자기가 발견한 구름을 보여주기 위해 친구의 손을 잡고 뛰는 서연이, 순간순간 모습을 바꾸는 구름을 두고

"어디 갔지?"

하며 어리둥절해하는 원욱이. 그리고

"선생님, 저기 저 구름 기린처럼 생겼어요."

"오리도 있어요."

하며 들뜬 아이들.

소아정신과 의사 서천석의 글이 생각났습니다. 조금이라도 더 크고 싶은 아이의 소망은 높이를 그리워하고, 그래서 아이들에게 구름은 경이로운 대상이라고 했지요. 오래전 아이였을 때 나도 그랬겠구나, 바쁜 일상에 쫓겨 구름을 바라볼 마음과 시간

을 잃어버렸던 거구나.

하염없이 하늘을 올려다보다 이번에는 제가 외쳤습니다.

"얘들아, 공룡이 나타났다."

구름을 가득 담은 그림책이 있습니다. 『구름』에는 별이 가득한 밤하늘에 구름 한 덩이가 일어나더니 차례대로 쥐와 소, 호랑이, 토끼, 용, 뱀 등의 모양으로 변해가는 장면이 나옵니다. 변하는 구름 뒤로 하늘의 색깔도 바뀝니다. 바뀌는 하늘을 따라 새벽이 밝아오고, 상쾌한 아침에서 한낮이 되었다가 황금빛 노을이 지고 다시 밤이 되는 것을 살펴볼 수 있습니다.

공광규 시인은 구름을 보고 수천 년 전부터 우리 문화 속에 함께해 온 열두 동물을 떠올렸습니다. 그의 글이 마련한 여백을 김재홍 화가가 그림으로 채웁니다. 화가는 구름이 쥐가 되자 땅 위에 고양이를, 구름이 토끼가 되자 땅 위에 거북이를 그려 넣고 이번에는 그림이 만든 이야기의 여백을 우리가 상상력으로 채우기를 기다립니다. 시인이 묻습니다.

별 하늘에 구름 한 덩이가 일어나더니 쥐를 만들었다가
소를 만들었다가… 또, 뭘 만들지?

－『구름』 (공광규 글, 김재홍 그림 / 바우솔) 중에서

"또, 뭘 만들지?"

하고 있는데 운동장에서 체육 수업을 하던 선생님이 웃으며

"뭐 좀 건졌어요?"

라며 말을 걸었습니다. 가을 하늘을 올려다보면 뭘 건질 수 있을까요? 그게 궁금하다면 가을에는 무조건 밖으로 나가기를 추천합니다. 거기에는 들려지기를 기다리는 것들로 가득하니까. 그것은 건질 게 많다는 뜻이기도 하니까.

바람과 구름처럼. '그게 다일까요?'라고 묻는다면, 2학년 『가을』 교과서를 펼쳐 보이겠습니다. 교과서에 실린 작품 중 하나인 「투둑 떨어진다」는 탐스러운 열매가 달린 가을의 풍경을 의성어와 의태어로 옮겼습니다.

"떨어진다, 떨어진다"

까지 제가 읊조리면 곧바로

"퍽 떨어졌습니다. 감!"

"팔랑팔랑 떨어졌습니다. 단풍잎."

이라는 문장이 아이들의 목소리를 타고 따라붙습니다.

고운 그림책이 담긴 교과서는 어김없이 다른 책들처럼 소장하고 싶은 욕구를 마구 불러일으킵니다. 교과서 속에서 만난 그림책도 인터넷서점 장바구니에 꼭 담아두지요. 「투둑 떨어진

다』(심조원 글, 김시영 그림 / 호박꽃)도 그렇게 만났습니다.

인상적인 것은 책의 구성입니다. 아래에서 위로 책장을 넘겨서 볼 수 있게 만들어졌습니다. 책 속 공간이 좌우가 아니라 상하로 확장되어 열매가 나무에서 투둑 떨어지는 느낌을 잘 전달합니다. 장면마다 그려진 강아지들의 눈길을 따라 위에서 아래로, 하늘과 땅을 보고 고갯짓을 하다 보면 구름을 관찰하기 위해 하늘을 올려다본 경험처럼 생생하게 가을을 경험할 수 있습니다.

마찬가지 이유로 좋아하는 가을 노래가 두 곡 있습니다. 그중 하나는 이렇게 시작합니다.

가을엔 편지를 하겠어요.
누구라도 그대가 되어 받아 주세요.

이 노랫말이 고은의 시 「가을편지」라는 걸 알고 있나요? 가을에 이 노래를 들으면 왜 편지를 하겠다는 것인지 금방 알 수 있습니다. 기온이 떨어지면 따뜻한 국물이 생각나는 것처럼, 쌀쌀해지는 가을에는 사람의 온기가 그리울 테니까. 누군가에게 보낼 편지를 적는 동안은 혼자가 아닐 테니까.

그래서 화가 고흐는 동생 테오에게 일기를 쓰듯 668통의 편지를 썼는지도 모릅니다. 거기에는 태양의 화가, 영혼의 화가로 불리는 빈센트 반 고흐의 지독한 가난, 고독, 불안, 열정이 고스란히 묻어납니다.

　　내 영혼에 조그만 난로가 있는데, 아무도 불을 쬐러 오지 않는구나

　　　　　- 『고흐, 나의 형』 (이세 히데코 지음 / 천개의바람) 중에서

이런 편지를 썼다면, 고흐의 마음은 가을이었겠지요. 『고흐, 나의 형』은 고흐의 동생 테오의 목소리를 빌려 그의 삶을 회고합니다. 죽은 형에게 띄우는 동생의 편지가 고흐를 연상시키는 강렬한 색채의 유화와 함께 담긴 그림책입니다.

제 방 책장에는 상자가 하나 놓여 있습니다. 그 상자를 열면 손으로 꾹꾹 눌러 쓴 글씨로 가득 메워진 고운 종이 뭉치가 나옵니다.

"선생님 솔직키 찐짜 찐짜 예뻐요!"

"선생님을 만날 수 있어 행운이에요!"

"영원히 잊지 않을게요."

이 세상 그 어떤 연서가 부럽지 않은 소중한 제자들의 편지입니다. 맞춤법이 좀 틀려도 글씨가 삐뚤빼뚤해도 마음을 전하는 데 부족함이 없습니다. 이 편지들을 꺼내 읽을 때마다 창가에 앉아 따스한 햇볕을 쬐는 기분입니다. 그러니 편지는 '영혼의 조그만 난로'이고, 가을은 '우리의 마음을 전하기에 부족함이 없는 계절'이라 해도 무방하겠지요.

한 사람을 위한 책과 편지를 쓰기 위해 책상에 앉아 연필을 사각거리는 동안, 지우개로 지웠다 다시 쓰는 동안 좋아하는 가을 노래 중 나머지 한 곡 〈10월의 어느 멋진 날에〉를 듣습니다. '10월의 어느 멋진 날에' 바람이 불어오고, '내가 잃어버린 구름'은 하늘에 있고, 멀리서 팔랑팔랑 단풍잎이 떨어지고 있겠지요.

10월의 어느 멋진 날, 그것은 정말이지 너무나 맞는 말입니다.

11월, 홈런이 아니어도 괜찮아

"글은 어떻게 시작하나요?"

제가 쓴 글이 실린 『초등아침독서』 신문을 본 선생님에게 받은 질문입니다. 어떤 글은 아이들의 말 한마디에서 싹을 틔우기도 하고, 어떤 글은 아이들과 함께 본 그림책 속에 뿌리를 두기도 하지요. 또 어떤 글은 아이들 속에서 아이로 돌아가 쓰는 일기처럼 시작되기도 합니다.

"오늘 아빠와 야구장에 갔습니다."

우리 반 아이가 쓴 일기의 첫 문장을 반복해서 읽게 되는 이유입니다.

프로야구가 탄생한 1982년, 아버지 손을 잡고 야구장에 다녔습니다. 극적인 9회 만루 홈런에 대한 기억은 없지만, 아버지가 응원하던 오비 베어스 야구단의 마스코트 아기곰이 새겨진 옷을 입고 등받이가 없던 응원석 의자에 앉아 있다 뒤로 넘어졌던 기억은 강렬합니다.

높은 곳에 두었다 떨어지면 다칠까 봐 늘 우리 집 책장 맨 아래 칸에 놓여 있던 아버지의 야구공. 그 야구공을 가지고 놀 때의 묵직함도 손바닥 위에 생생하지요. 몇 번의 이사 뒤에 야구공은 사라졌고, 야구장에 데려다주시던 아버지는 돌아가셨지만 야구 하면 가장 먼저 떠오르는 건 '아빠'입니다.

『마이볼』은 야구를 통해 아버지에 대한 그리움을 건져 올리는 이야기입니다. 작가의 말에서 야구가 아버지란 단어와 뗄 수 없는 의미라고 여겨지는 문장을 만날 수 있지요.

아버지 손을 잡고 처음으로 잠실야구장을 갔던 때가 오래전 가을 이맘때였습니다. (중략) 유명인사는 아니었지만, 우리 가족의 든든한 가장이었던 평범한 나의 아버지를 떠올려 봅니다.

– 『마이볼』 (유준재 지음 / 문학동네어린이) 중에서

1980년대가 배경인 그림책에는 일찍 집을 나서 늦게 퇴근하는 아버지, 일요일에도 별로 말이 없던 아버지, 하지만 텔레비전 야구중계를 보면서는 야구 이야기를 줄줄 쏟아내는 아버지가 나옵니다. 내가 사랑한 아빠의 모습이, 내가 사랑한 아빠와의 시간이 담겨 있지요.

야구광인 아버지는 아들에게 캐치볼을 알려줍니다.

> "아빠가 아주 높이 던질 테니까 한번 잡아 봐. 잡을 수 있겠으면 '마이볼' 하고 크게 외쳐. 내가 잡겠다는 뜻이니까."

힘껏 던지려고만 하지 말고 글러브를 보고 정확하게 던질 것, 공이 다리 사이로 빠져나가지 않도록 두 손으로 책임지고 잡을 것, 겁먹지 말고 눈 크게 뜨고 공을 끝까지 볼 것. 그림책은 캐치볼을 통해 어릴 때 배웠지만 어른이 되면서 사라졌다고 믿었던 삶의 태도들이 실은 우리 안에 고스란히 존재한다는 사실을 일깨웁니다. 그래서 『마이볼』의 마지막 문장은 무한히 반복될 삶의 주문과 같습니다.

> "공이 납니다. 아버지가 던진 공이 하늘 높이 날아오릅니다. 마이볼!"

몇 해 전, 학부모 공개수업 날. 아이의 공을 대신 받아줄 수는 없기에 묵묵히 지켜보는 엄마 아빠의 얼굴에는 기대와 염려가 가득합니다. 평소에도 수줍음이 많은 민찬이가 긴장한 탓인지 모기 소리만 한 목소리로 겨우 발표를 마쳤을 때, 교실 뒤편에서 들려오던 민찬이 아버지의 목소리.

"민찬이 파이팅!"

그 외침에 교실에 웃음꽃이 피었고, 굳어 있던 민찬이의 입에 미소가 번지는 걸 보았습니다. 그리고 저는 확신할 수 있었어요. 민찬이에게 그날 아빠의 응원은 오래도록 반짝일 삶의 주문이 되리라는 걸요.

누구에게나 삶의 주문이 필요한 순간이 있습니다. 『홈런을 한 번도 쳐보지 못한 너에게』속 주인공 루이처럼 말이지요. 2 대 4로 루이의 팀이 지고 있는 가운데, 주자는 1루와 3루. 역전 홈런을 노리고 타석에 들어선 루이. 자신에게 날아온 공을 향해 배트를 힘껏 휘두르지만 결국 병살타로 끝나고, 실망 가득한 표정의 루이가 나를 바라봅니다. '아아, 더 잘 치고 싶은데' 하는 마음은 가득하지만 자신에게는 홈런을 칠 능력이 없는 것 같아 답답한 루이의 눈동자는 언젠가의 내 모습이기도 해서 피할 길이 없습니다.

이 그림책에는 경기 중에 홈런이 터지는 장면이 나옵니다. 작가는 그 순간을 이렇게 묘사했지요.

> "얼마나 대단한지, 텔레비전으로 봐서는 그 맛을 모를 거야. 현장에서 직접 봐야지. 홈런이 터지면 시간이 딱 멈추는 느낌이야. (중략) 홈런을 친 선수는 자기 힘으로 집을 나갔다가 세계를 한 바퀴 빙 돌아 다시 집으로 돌아온 거야. 오직 자신의 힘으로."
>
> - 『홈런을 한 번도 쳐보지 못한 너에게』
> (하세가와 슈헤이 지음 / 내인생의책) 중에서

흔히들 인생과 야구는 닮았다고 하지요. 시간이 딱 멈추는 느낌은 인생에 몇 번 찾아오지 않습니다. 대부분은 인생이라는 그라운드 위에서 나를 향해 날아오는 성적, 연애, 취업, 직장, 사회생활, 가족 관계라는 직구와 변화구를 보며 홈런을 꿈꾸지만 잘되지 않지요.

하지만 인생과 야구는 역시나 닮아서 9회말 투아웃까지 결과가 어떻게 될지 아무도 알 수 없고 끝날 때까지 끝난 것이 아닌 까닭에, 포기하지 않는 마음이 중요합니다. 홈런을 꿈꾸는 야구소년 루이가 말합니다.

"나, 언젠가는 꼭 홈런을 칠 거야.
하지만 그 전에 안타부터 쳐야겠지."

홈런은커녕 땅볼밖에 못 친 날, 루이의 말을 가만히 생각하면
다시 마음이 추슬러지고, 또 살아볼 만합니다. 포기하지 않으면
언젠가는 칠 테니 말이지요.

요즘 우리 반 아이들은 학예회 연습에 한창입니다. 노란 모자
를 쓰고 춤을 추지요. 『춤을 출 거예요』 속 소녀처럼 빙그르르.
책 속에서 열두 번이나 반복되는 "춤을 출 거예요" 라는 소녀의
말은 『홈런을 한 번도 쳐보지 못한 너에게』 속 루이의 말, "홈
런을 칠 거야"와 통합니다. 거실을 지나, 집을 나가, 풀을 넘고
숲을 지나, 강 위에서, 빗속에서, 바람 속에서, 폭풍 속에서도 소
녀의 춤은 멈추지 않습니다. 상황이 좋든 나쁘든 소녀는 왜 끝
없이 춤을 추는 걸까요. 작가는 말합니다.

어느 날 춤을 추는 사람을 보았다. 왜 춤을 추는지 말은
안 했지만 얼마나 많은 시간을 들여 꿈을 향해 노력했는지
알 수 있었다.

  - 『춤을 출 거예요』 (강경수 지음 / 그림책공작소) 중에서

학예회를 앞두고 날마다 노력한 우리 반 아이들에게

"무대 위에서 춤을 추다 실수해도, 동작이 좀 틀려도 괜찮아."
라고 말했더니, 아이들이 환한 얼굴로 답합니다. 그러고 보니
괜찮다는 말은 꽃다발처럼 화사한 생기를 불어넣는 말이네요.
그라운드를 숨 가쁘게 누비는 우리를 단숨에 위로하는 삶의 주
문을 그림책 속에서 찾았습니다.

'홈런이 아니어도 괜찮아.'

12월, 장갑보다 따뜻한 손

아이들이 하교하고 텅 빈 교실에 앉아 있으면 발끝이 시린 계절입니다. 그래서 보송보송 털이 들어간 겨울용 실내화를 샀어요. 머리 염색을 한 다음 날이나 새 옷을 입은 날이면 가장 먼저 알은체를 하는 우리 반 태준이가 바뀐 실내화를 보고 어김없이 한마디 합니다.

"겨울에는 그런 게 좋죠?"

앞니 빠진 아홉 살이 '저도 다 알아요' 하는 표정으로 말하는 '그런' 게 뭘까 생각하니 자꾸만 미소가 지어집니다. 호빵, 붕어빵, 호떡, 단팥죽, 코코아 같은 따뜻함일까요? 우리 반 예지가 책 속 주인공에게 쓴 편지도 군고구마처럼 따뜻합니다.

안녕 석아, 나는 2학년 이예지라고 해. 추운 겨울에 할머니를 따라서 급하게 장갑을 안 끼고 밖에 나온 거니? 아니면 하나도 안 추워서 안 끼고 나온 거니? 난 정말 궁금해. 정말 손이 시려웠을 거 같아. 추워서 두 볼 붉어지고. 석아, 달려가다 넘어지지 않게 조심해.

예지가 읽던 책을 펼치면 눈 쌓인 길모퉁이에서 군고구마를 파는 할머니와 주인공 석이가 보입니다. 책 속 어디에도 '춥다'라는 단어는 보이지 않는데 예지는 아이의 손이 시렸을 거라고 느끼고, 두 볼이 붉어진 걸 보고, 혹여 눈길에 넘어지지는 않을까 걱정합니다. 예지는 이 책을 읽는 동안 석이가 되었다가, 책을 덮고 난 뒤에는 조금 자랐겠지요. 다른 사람이 되어 보는 연습은 마음의 공간을 넓혀주니까요.

지금 다른 사람이 되어 볼까요. 눈 내리는 겨울날 길을 걷는데 손은 시리고 장갑은 한 짝밖에 없는 사람. 그 사람에게 필요한 건 뭘까요. 『장갑보다 따뜻하네』(이모토 요코 지음 / 북극곰)에서 토끼 미미가 손이 시리다고 하자 언니는 빨간 장갑 한 짝을 건네줍니다. 미미의 한쪽 손은 따뜻해졌지만 다른 손은 여전히 시리지요.

그때 언니가 미미의 손을 가만히 잡아줍니다.

미미가 말합니다.

"장갑보다 따뜻하네!"

이 말은 사람이 사람에게 해줄 수 있는 찬사 같습니다. 제 책상 위에 놓인 책을 넘기던 아이가 말했습니다.

"우리 엄마 손도 따뜻한데."

엄마가 아이에게 "손 꼭 잡아."라고 말할 때, 결혼을 앞둔 두 사람이 "서로의 손을 잡고 함께 나아가겠습니다."라고 말할 때, 돌부리에 걸려 넘어져 우는 사람에게 "내 손을 잡아."라고 말할 때, 그럴 때의 손은 더없이 따뜻합니다. 두 사람의 심장에서 뻗어 나온 손이 마주 잡은 그림을 본 적이 있는데, 돌이켜보니 사랑하는 사람 옆에서 우리의 손이 더 따뜻해지는 건 뜨거운 심장 때문이었네요.

하얀 눈사람이 다가와 손을 잡아도 따뜻할까요. 『눈사람 아저씨』(레이먼드 브릭스 지음 / 마루벌)는 한번쯤 꾸었던 어린 시절의 꿈을 떠올리게 합니다. 눈이 펑펑 쏟아지는 날 아이는 추위도 잊은 채 자기 키보다 더 큰 눈사람을 만듭니다. 눈사람에게 정성껏 모자도 씌워주고 목도리를 매주고, 침대에 누운 뒤에도 눈사람 생각에 잠이 오지 않지요. 춥지는 않을까, 외롭지는 않을까, 행여 녹지는 않을까. 눈사람을 생각하고, 생각하고, 또 생각하는 아이에게 무슨 일이 벌어질까요.

글 없이 그림으로만 이루어진 이 책은 2학년 국어 5단원 '이야기를 읽고 이어질 내용 꾸미기' 활동 시간에 좋은 교과서가 됩니다.

"눈사람이 보고 싶어서 다시 밖으로 나가요."

"꿈속에서 둘이 만나요."

"눈사람 만들다 옷이 더러워져서 엄마한테 혼나요."

"친구에게 눈사람을 소개시켜줘요."

"방으로 데리고 와요."

"눈사람이 움직여요."

글 없는 그림책은 책장을 넘기는 속도가 빠르지 않을까 했는데 웬걸, 어른들의 편견이나 상상력보다 넓은 아이들의 이야기로 그림책의 두께는 더 두꺼워집니다.

한 아이의 상상처럼 눈사람 아저씨가 모자를 벗고 인사를 합니다. 둘은 집안 구석구석을 돌아다니며 아빠 옷도 입어보고, 두루마리 휴지로 장난도 칩니다. 벽난로나 전자레인지를 이용

해 눈사람이 녹지 않도록 하는 아이의 몸짓은 옆 사람에게 조심하라고 말하며 길을 걷는 이를 닮았습니다. 그러다 둘은 밖으로 나가고 눈사람은 아이의 손을 잡고 하늘을 날지요. 눈이 온 세상을 하얗게 덮은 밤하늘을 말입니다. 두 손이 맞잡은 순간 벌어지는 기적 앞에서 아이들은 환호합니다. "우와!"

색연필로만 그려진 이 책을 본 뒤, 아이들은 색연필로 그림을 그리고 동시를 씁니다. 너희들이 쓴 글이 너무 예뻐서 책으로 만들고 싶다고 했더니 자신의 이름도 책에 나오는지 묻는 아이들. 그렇다고 했더니 이미 책에 실린 것처럼 좋아하던 아이들의 글입니다.

"운이 엄청나게 좋아야지만 눈사람이 움직이는 것을 볼 수 있어요."(박시환)

"아이의 예쁜 마음 안에서 태어난 눈사람."(이수지)

"눈 오는 날 하고 싶은 건 단 하나, 눈사람 만들기."(안세정)

"눈도 코도 입도 있는데 마음이 없는 눈사람."(이예지)

"나는 왜 눈사람인지, 내 부모님은 어디 있는지."(한예성)

그리고 내 마음을 사로잡은 상화의 작품. 상화는 새하얀 도화지 가운데에 눈사람을 그려 넣고 바탕을 검정색으로 칠하고

"지금은 밤이다. 바람이 많이 분다."

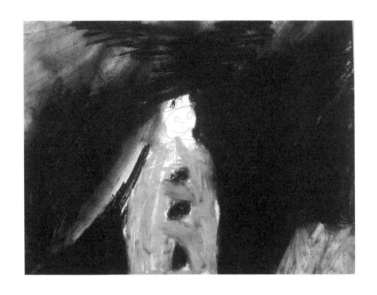

새하얀 도화지 가운데에
눈사람을 그려 넣고 바탕을 검정색으로 칠하고
"지금은 밤이다. 바람이 많이 분다."
라고 썼습니다. 그림을 들여다보면
눈사람의 목에 두른 목도리가 바람에 날려서
옆으로 향하고 있지요.

라고 썼습니다. 그림을 들여다보면 눈사람의 목에 두른 목도리가 바람에 날려서 옆으로 향하고 있지요. 저는 아이들처럼 "우와"라고 할 수밖에요. 같은 그림책을 보고도 아이들의 머릿속에서는 저마다 다른 일이 벌어지고 있네요.

다른 사람의 머릿속에서 무슨 일이 벌어지는지 궁금할 때 우리는 "무슨 생각하니?" 라고 묻지요. 『무슨 생각하니?』(로랑 모로 지음 / 로그프레스)는 사람들의 다양한 생각과 감정을 각각 두 장면에 걸쳐 담고 있습니다. 오른쪽 면에는 한 인물의 얼굴 그림이, 왼쪽 면에는 그 사람의 생각이 짤막한 한 문장으로 적혀 있지요. 늘 그렇듯 하나의 문장은 하나의 이야기가 됩니다. 혼자 모험 이야기를 떠올리느라 신이 난 막심, 달콤한 아이스크림이 먹고 싶은 아나엘, 마냥 행복하기만 한 마띠유, 온통 일 생각뿐인 장 아저씨, 질투심으로 가득 찬 마리, 그리고 아무 생각도 하지 않는 니꼴라.

책의 마지막 장에 내 생각을 그려 볼까요. 무슨 생각을 하며 이 겨울을 보내고 있나요? 저는 자꾸만 '장갑보다 따뜻한 손'을 생각합니다. 태준이의 표현처럼 '그런' 게 좋은 계절이므로. 그리고 저는 그 손을 잡고 하늘을 날고 싶은 꿈이 되살아난 사람이므로.

1월, 마음속에 고래 한 마리

우리 반 주향이가 서울로 전학을 가게 되었습니다. 아이는 자기 번호가 붙은 사물함을 열어 짐을 정리하고, 학교도서관에서 빌린 책을 반납하고, 자신이 앉던 책상 서랍을 청소하였습니다. 그리고 교실 앞으로 나와서 지난 1년을 함께 보낸 친구들에게 인사하였지요.

"그동안 고마웠어. 우리 꼭 다시 만나자."

전학 가는 아이처럼 지난 한 해를 정리하고, 아쉽지만 안녕을 고하고, 새해를 맞았습니다.

"선생님, 주향이가 없으면 4모둠은 한 명 부족해요."

"선생님, 번호대로 설 때 주향이 자리는 어떡해요?"

"선생님, 이제 누가 부반장해요?"

아이들은 친구의 전학 앞에서 많은 변화를 읽어냅니다.

"이제 우리 반 스물다섯 명이 아니라 스물네 명이야. 뭔가 이
상해."

하는 시은이의 말처럼 주향이의 빈자리는 스물다섯 가지 색상
의 크레파스에서 한 색상이 갑자기 사라진 것처럼 이상합니다.

크레파스처럼 저마다의 색깔을 지닌 우리 반 스물다섯 명의
아이들은 『파란 거위』(낸시 태퍼리 지음/비룡소)에 나오는 사랑스
런 주인공들을 떠올리게 합니다. 『파란 거위』는 농장에 사는
동물들이 농부 그레이(Gray) 씨가 외출한 날, 회색으로 되어 있
는 농장을 페인트로 색칠하며 시작됩니다. 노란 병아리는 꽃을
노랗게 칠하고, 하얀 오리는 울타리를 하얗게, 빨간 암탉은 헛
간을 빨갛게, 파란 거위는 지붕을 파랗게 칠하면서 정적인 세상
은 생동감 있게 살아나지요.

이 그림책이 우리 반 아이들을 닮은 이유는 지금부터입니다.
각자 자신이 가진 색만 칠하던 동물들이 둘씩 짝지어 힘을 합
쳐 서로의 색깔을 섞은 뒤 보라, 주황, 하늘, 초록색을 만들고,
그 덕분에 무채색이었던 세상은 유채색으로 변하거든요. 색깔

이 더해질수록 완벽해지는 『파란 거위』처럼 저마다 다른 색을 지닌 새해의 소망들이 모여 1월은 '희망'이라는 색을 얻습니다. 그래서 1월은 아직 차가운 겨울이지만 봄날처럼 설렙니다.

"선생님, 새해 복 많이 받으세요."

스무 살이 되는 제자의 반가운 문자에 새해 소망을 물었더니

"여자 친구 생겼으면 좋겠어요."

라고 답을 보내왔습니다. 저와 초등학교 5학년을 같이 보낸 녀석이 훌쩍 자라 이제 그 나이의 바람을 솔직하게 내비치는 모습에 웃으며 답장을 보냈습니다.

"네 소망이 꼭 이루어졌으면 좋겠다. 선생님이 응원할게!"

새해 새 아침, 새 마음으로 한 가지씩 소망을 품는 일. 올해 소망은 무엇인가요? 가족의 건강, 아이의 합격, 졸업생의 취업, 행복한 결혼, 작지만 따뜻한 내 집 마련. 평범한 사람들의 바람은 꾸밈이 없고, 욕심이 없습니다. 나와 같은 평범한 사람들을 생각하면 떠오르는 그림책이 있습니다. 아니, 그림책보다 먼저 생각나는 아이의 글이 있습니다.

몇 년 전, 한 학급에 보결 수업을 들어갔을 때의 일입니다. 담임 선생님께서 출장 가기 전 준비해놓은 활동지에는 '나'와 관련된 질문들이 아이들의 답을 기다리고 있었습니다. 나의 꿈은

무엇인지, 그 꿈을 이루기 위해 내가 노력해야 할 것들은 무엇인지, 내가 되고 싶은 친구는 어떤 모습인지, 내가 평소에 자주 생각하는 것은 무엇인지. 그 질문들 사이로 "내가 듣고 싶은 말은?"이라는 물음이 적힌 네모 칸에 또박또박 적힌 "노력한다는 말." 그 글은 마치 '전 노력하고 있어요.'라고 말하는 아이의 목소리 같았습니다. 어렸을 적 열심히 공부하고, 정직하게 행동하

고, 성실하게 노력하며 살아야 한다는 부모님과 선생님 말씀의 메아리 같기도 했습니다.

"노력한다는 말."

지난해를 보내면서, 유독 그 말이 떠올랐습니다. 새해에는 성실하게 노력하며 살아가는 평범한 사람들이 행복한 한 해가 되었으면 좋겠습니다. 학원 다니느라 정신없는 나윤이도, 구두 수선하는 재성 아저씨도, 두 아이의 엄마이자 누군가의 막내딸인 유선 씨도, 딸을 조금이라도 더 보기 위해 출근길은 꼴등, 퇴근길은 일등으로 개찰구 결승선을 향해 달리는 회사원 완주 씨도, 딸이 좋아하는 문어를 잡아 뭍으로 올라온 복순 씨도 행복한 한 해가 되었으면 좋겠습니다.

그들은 '매일 같은 시간, 매일 같은 길을' 달리는 지하철에서 나와 스쳤을지 모릅니다. 『나는 지하철입니다』(김효은 지음/문학동네어린이)에는 지하철을 타고 '어디론가 와서, 어디론가 가는' 사람들의 모습 뒤에 담긴 소중한 일상과 따스한 삶이 담겨 있습니다. '전화기 너머의 안부 인사와 하얀 셔츠에 밴 시큰한 땀 냄새, 낡은 구두와 그것을 어루만지는 오후의 햇빛' 과 같은 문장에서는 코끝이 찡해지지요.

그림책의 지하철 안에 저도 그려 넣고 싶은 풍경이 있습니다.

언젠가 지하철 맞은편 자리에 앉은 아이가 창문을 향해 등을
돌리고 있다가 한강을 보고 외쳤습니다.

"엄마, 바다야!"

난생 처음 바다를 본 사람처럼 신난 아이와 아이의 외침에 미
소 짓던 사람들의 모습 말입니다. 그 아이에게 말을 걸고 싶었
습니다.

"『고래가 보고 싶거든』이라는 그림책에 꼭 너처럼 창문 너
머 푸른 바다를 바라보는 아이가 나온단다."

아이는 고래를 기다리고 있습니다. 그림책 『고래가 보고 싶
거든』은 소년에게 "고래가 보고 싶니?"라고 말을 걸며 시작하
지요.

> "고래가 보고 싶니? 그렇다면 창문이 있어야 해. 그리고
> 바다도. 시간도 있어야 해. 바라보고 기다리고 '저게 고래가
> 아닐까?' 생각할 시간. '저건 그냥 새잖아.' 깨달을 시간도."
>
> – 『고래가 보고 싶거든』
> (줄리 폴리아노 글, 에린 E. 스테드 그림 / 문학동네어린이) 중에서

그러고는 조곤조곤 '고래를 만나는 법'을 알려줍니다. 고래가
보고 싶다면, 고래 아닌 것들, 그러니까 아름다운 장미, 깃발을

달고 바다 위를 떠가는 배, 근사한 해적선, 재미있는 생김새의
펠리컨에 마음을 뺏겨선 안 된다고. 오직 고래만을 생각하고,
바다를 바라보며 기다리고, 또 기다려야 한다고.

　새해 소망을 그려보는 1월. 내가 만나고 싶은 고래는 무엇인
지 생각하는 사람들에게 '고래를 만나는 법'은 '간절한 꿈을 이
루는 법'으로 읽힐 테죠.

　지하철 안에서 마주친 사람들의 마음에 고래 한 마리씩 있다
생각하니 새해에는 우리 사회가 꼭 푸른 바다를 닮았으면 좋겠
네요.

선생님께

우리에게 공부를 가르쳐 주시고, 좋은 말씀
많이 해 주셔서 감사합니다.

선생님께서 주신 편지를 보면서 '항상 최선을
다해라', '나는 할 수 있다'는 말을 스스로에게
해라', '책과 가깝게 지내'라는 말을 마음에
새기고, 실천할 거예요.

공부하러 가시면서 메모하고 싶은 것, 기록하고
싶은 것 등을 제가 드리는 수첩에 적으세요.
8월 쯤에 다시 만날 때 그 곳에 대한 것도
얘기해 주세요.

감사합니다. 안녕히 계세요.

2010년 2월 22일
선생님 제자 성원 올림.

2월, 이별한 모든 것들에게

우리 반 아이들을 보며 학창 시절 추억들을 떠올릴 때면 어른이되 아이로, 선생이되 학생으로 사는 느낌입니다. 그렇게 몇 번을 다시 사는 순간이 있지요. 해마다 2월 졸업식장에서는 열세 살 '빛나는 졸업장을 탄' 단발머리 여학생으로 돌아갑니다. 늘 강해 보였던 담임선생님의 눈물, 눈물을 들키지 않으려고 칠판 쪽으로 고개를 돌리시던 뒷모습, 뒷모습에서 보이던 희끗희끗한 머리칼. 그 사이로 훌쩍거리던 친구들의 울음소리, 의자가 삐걱거리던 소리, 교실 창밖에서 카메라가 찰칵거리던 소리.

중학교 졸업식은 조용히 지나갔고 고등학교 졸업식은 시끌

벅적했지만 강한 기억은 아닙니다. 그런데 20년이 더 지난 초등학교 졸업식 날 교실 풍경이 한 장의 사진처럼 이토록 선명하게 박혀 있는 건 왜일까요.

초등학교를 졸업한 뒤 멀리 전학을 갔습니다. 새롭고 낯선 환경에 적응하고 있을 무렵 6학년 때 담임선생님으로부터 연락이 왔습니다. 학교로 찾아온 졸업생들 속에서 제 모습이 보이지 않아 친구들에게 물어 연락을 하셨다는 선생님께 수화기를 내려놓으며 '꼭 찾아뵐게요' 했습니다.

몇 년 뒤 교육대학교에 입학해 그 말을 지키려고 했을 때는 반년 전에 선생님께서 돌아가신 뒤였지요. 선생님의 길을 뒤따르는 교사가 되고서야 알았습니다. 졸업한 제자의 안부를 챙기는 일은 스승의 큰 사랑이 아니고서는 할 수 없는 일이라는 것을요. 시간이 이별을 만들기 전에 지금 해야 하는 말들이 있다는 것도 너무 늦게 알아버렸습니다. '선생님 감사합니다.' 그 한마디를 못 드린 게 마음에 남아 많이 울었습니다. 졸업 이후에 한 번도 재회를 의심하지 않았던 선생님과는 그렇게 이별했습니다.

소중한 사람을 떠나보낸 이별에 힘든 마음을 『고요한 나라를 찾아서』(문지나 지음 / 북극곰)는 조용히 안아줍니다.

"아빠는 어디 계세요?"

장례식에서 돌아온 준이와 윤이는 아빠 옷과 모자를 만지며 엄마에게 묻습니다.

"아빠는 아주 먼 나라로 가셨어. 그곳은 고요한 나라란다."

아이들은 엄마의 대답을 이해하기도 받아들이기도 어렵지만 아빠가 그리운 아이들은 편지를 써서 종이비행기를 접어 날립니다.

"너무너무 보고 싶어요."

그 비행기는 아이들을 '고요한 나라'로 데려다줍니다. 그곳에서 아이들은 아빠와의 추억을 냄새로, 소리로 만나게 됩니다. 그제야 남매는 오랜만에 아주 깊고 달콤한 잠에 빠지지요.

늦은 밤 차가운 눈길을 헤매는 아이들을 비추는 달빛과 별빛처럼 사랑하는 사람과 함께 보낸 아름다운 시간은 우리를 지탱하는 힘입니다. 그 시간은 남아 있는 사람들의 기억과 마음속에 영원히 살아 있습니다. 그러니 그런 시간을 미루지 말고, 되도록 많이 쌓는 일이 우리 삶에서 얼마나 중요한지요.

제게도 6학년 담임선생님과 함께한 시간이 남아 있습니다. '전봇대'가 별명일 만큼 키가 커서 맨 뒷줄에 우뚝 서는 운동장 조회 때를 제외하고는 눈에 띄지도 않던 저를 선생님이 부르셨던 날.

"너는 목소리가 또랑또랑하니까 잘할 수 있을 거다."

라고 하시며 끼 많고 공부 잘하는 아이들만 할 수 있는 일인 줄 알았던 학교 방송부 일을 제게 맡기셨지요. 흰 종이에 썼다 지웠다 한 글을 처음으로 마이크에 입을 대고 읽어 내려가며 가슴이 두근거렸습니다. 손에는 땀이 찼어요.

"잘했다."

항상 엄한 표정이었던 선생님이 환한 웃음을 지으며 등을 두드려 주셨습니다. 그날 이후 제 속에서 뭔가 반짝이는 걸 발견한 느낌이었습니다. 다른 사람 눈에는 안 보이지만 선생님 눈에는 보이는 것, 그걸 칭찬해주셨던 선생님.

살면서 예전에 반짝이던 기억들이 조금씩 빛을 잃어갈 때도 선생님이 저를 발견해준 그 순간은 여전히 빛나고 있어요. 작은 배를 타고 거친 파도를 넘으며 항해하는 삶에 그런 순간이 있는 한 포기란 없을 것 같습니다. 아이들에게 '너는 돌멩이가 아니라 반짝이는 보석이야.'라고 알려주는 일이 얼마나 중요한지 저는 그 경험으로 알게 되었지요.

『산이 코앞으로 다가왔다』(김용택 글, 정순희 그림 / 사계절) 속에도 도시에서 시골 할아버지 댁으로 이사 온 전학생 보미를 '발견'해주는 선생님이 있습니다. 부모의 빈자리로 인한 상처를 지니고, 시골의 쓸쓸하고 낯선 환경에 남겨진 아이 곁에 그림책 속 둥근 달처럼 '나를 바라보는' 선생님이 있어 얼마나 다행인지요.

그 속에서 보미는 조금씩 적응해갑니다. 글쓰기 시간에 쓴 글을 들고, 선생님 앞에 선 보미도 처음으로 마이크를 쥐던 날의 저처럼 가슴이 두근거리고 손에 땀이 찼겠지요. 그림책 속 이 장면에서 마치 선생님의 목소리가 들리는 것만 같습니다.

"잘했다."

2월 졸업식장에서 아이들과 노래를 부르다 보면 지나온 1년은 저절로 소중한 시간이 됩니다.

> 우리 처음 만났던 어색했던 그 표정 속에
> 서로 말 놓기가 어려워 망설였지만
> 음악 속에 묻혀 지내 온 수많은 나날들이
> 이젠 돌아갈 수 없는 아쉬움 됐네
>
> - 〈이젠 안녕〉 (공일오비 노래) 중에서

아이들 한 명 한 명에게 졸업장을 나눠주고 안아주다 보면 자꾸만 눈물이 그렁그렁 맺힙니다.

"선생님 또 보면 되지요."

울보 선생님을 어른스럽게 달래는 아이들 말에 웃음이 터졌습니다. 『사자와 작은 새』(마리안느 뒤비크 지음/고래뱃속)에 나오는 작은 새를 닮았던 제자들이 1년 사이 훌쩍 자랐습니다. 사자 농부의 작은 뜰에 내려앉은 날개 다친 작은 새를 사자는 정성껏 치료하고 돌봐줍니다. 둘은 친구가 되고 사자와 작은 새는 함께라서 추운 겨울을 따뜻하게 보내지요.

봄이 찾아오고, 작은 새는 가족들에게로 날아갑니다. 사자에게 작은 새가 떠난 빈자리가 무척 큽니다. 졸업식이 끝나고 텅 빈 교실에서의 마음이 꼭 그렇지요. 사자 농부의 마음으로 졸업생들에게 편지를 씁니다.

"십 년 후, 이십 년 후 선생님의 얼굴을 문득 떠올렸으면 좋겠다. 문득 이세나라는 선생님이 계셨지, 하고 떠올리면 선생님은 참 행복하겠다."

이별 뒤에도 우리 삶은 계속됩니다. 사자 농부는 뜰에 다시 씨앗을 뿌리고 물을 주고 식물들을 가꿉니다. 사자에게 작은 새는 다시 찾아올까요?

졸업은 우리가 살아가는 동안 마주하는 수많은 이별 중 하나겠지요. 이별이 삶의 연속이라는 걸 이해할 즈음에는 몇 번의 이별을 경험한 뒤일 테고요. 그 대상이 사랑했던 사람일 수도 있고, 가족처럼 지내던 반려견이나 늘 붙어 다니던 단짝일 수도 있겠지요. 소중히 여겼던 물건이나 이루지 못한 꿈, 추억이 담긴 공간, 뜨겁던 청춘일 수도 있을 테고요.

서로 다른 이별을 그린 세 권의 그림책은 한목소리로 이야기합니다. 만남과 이별이 따로가 아니라 등을 맞대고 있다고, 이별 뒤 소리 없이 스쳐 가는 시간이 아픔을 치유하고 함께한 시간이 남긴 추억으로 우리는 성장하고 성숙한다고 말입니다. 2월에 아이들을 보내며 이별한 모든 것들에게 안부를 묻는 이유입니다.

소개 작품 목록 (글 속에 설명 또는 인용된 작품입니다.)

이세나

광화문에 대형서점이 문을 연 해에 태어났다. 집에는 어린이 문학전집, 세계명작동화, 위인전, 대백과사전과 같은 책들이 많았고, 학원에 다니지 않아서 시간도 많았다. 실컷 책을 보다 대문 밖에서 동네 아이들의 목소리가 들리면 '꾸러기본부'라고 부르던 골목으로 달려 나가 선생님 놀이를 하며 초등학교 시절을 보냈다. 교복을 입고 학교에 다닐 때는 동아리 도서부의 일원으로 스케치북에 톨스토이나 헤르만 헤세의 글을 적어 교실 뒤에 걸어두는 일에 열심이었다. 글짓기 대회가 있으면 곧잘 나갔는데, 상품으로 참치 통조림 세트를 받아 엄마를 기쁘게 한 적이 있다. 경인교육대학교에서 국어교육을 전공하며 과제로 쓴 동시가 몇 년 후에 교과서에 실리는 작은 기적을 경험하였다. 독서, 그 순수한 즐거움을 아이들에게 알려주고 싶어 교실 속에서 함께 책을 읽고, 글쓰기와 교사 연수를 통해 학생과 선생님 모두가 행복한 독서교육에 대해 이야기하고 있다. '인생은 흘러가는 것이 아니라 채워지는 것'이라는 문장을 좋아한다.

아침독서운동 독서교육 사례 공모전에서 교육부장관상을, 경기도교육청 교육혁신 아이디어 공모전에서 학교 독서경영을 주제로 교육감 표창장을, 학교도서관 활용 수업 경선제에서 교육감상을, 백일장 우수 지도교사 교육장상을, 학교도서관 활용 수업 프로그램 공모전에서 교육장상을 수상하였다. 경기도교육연수원 초등 1급 정교사 자격연수와 초등복직예정교사 직무연수 강사로 활동하였다.

나는 아침독서하는 선생님입니다 ⓒ 이세나, 2017

초판 1쇄 발행 2017년 2월 25일
초판 1쇄 발행 2018년 12월 20일

펴낸이 한상수
편집 장현주 문현경
디자인 여백커뮤니케이션_ 최수정

펴낸곳 (사)행복한아침독서
경영지원 홍병일 김진선
기획홍보 손수정 노영혜
도서사업 이범국 이기 윤영학 권가인 백정수 조현숙 김성재
사회공헌 홍주열 오빛나
신문편집 조지연 정현경 김지원
행복한책방 김경리

주소 경기도 파주시 회동길 455-2 3층
전화 031 955 4943 **팩스** 031 955 7569
출판등록 2007년 10월 26일
홈페이지 www.morningreading.org **블로그** blog.naver.com/10minreading
페이스북 www.facebook.com/morningreading
단행본 포스트(행복한 책교실) post.naver.com/10minreading

ISBN 979-11-85352-58-9 04370
     979-11-85352-50-3 (세트)
이 도서의 국립중앙도서관 출판예정도서목록(CIP)은 서지정보유통지원시스템 홈페이지(http://seoji.nl.go.kr)와
국가자료공동목록시스템(http://www.nl.go.kr/kolisnet)에서 이용하실 수 있습니다.
(CIP 제어번호 CIP 2017003321)

『나는 아침독서하는 선생님입니다』를 읽어주셔서 감사합니다.

이 책을 발행한 사회적기업 행복한아침독서는
어린이와 청소년 독서운동에 필요한 일들을 연구하고 실천하는
공익적 성격의 비영리법인으로, 2005년에 설립되었습니다.
작은도서관 설립, 학급문고 지원, 저소득 가정 아이들을 위한 책 꾸러미 전달 등
더 많은 아이들이 곁에 책을 두고 맘껏 읽을 수 있도록 애써 왔습니다.
독서교육에 도움이 되는 책을 만드는 것 역시
책 읽는 문화를 만들고 행복한 교실을 가꾸기 위한 노력 중 하나입니다.

'행복한 독서교육' 총서는 그러한 생각으로 정성스럽게 만든 책들입니다.
수십 년간 참교육 운동에 헌신한 이주영 선생님의
『책으로 행복한 교실이야기』를 시작으로,
유치원 아이들과 나눈 그림책 이야기를 엮은 이숙현 이진우 선생님의
『날마다 달마다 신나는 책놀이터』,
승패를 가르지 않고 소통과 경청의 자세를 기르자는 권일한 선생님의
『책벌레 선생님의 행복한 독서토론』, 그리고
이세나 선생님의 『나는 아침독서하는 선생님입니다』가 네 번째 책으로 출간되었습니다.
아이들과 선생님에게 행복을 심어줄 책교실을 만들기 위하여
'행복한 독서교육' 총서는 꾸준히 발행됩니다.